第四波

21世纪网络直销的第四次浪潮

[美] 理查德·坡 著
李莉萍 译

中国广播电视出版社
CHINA RADIO & TELEVISION PUBLISHING HOUSE

图书在版编目（CIP）数据

第四波：21 世纪网络直销的第四次浪潮 /（美）坡著；
李莉萍译．—北京：中国广播电视出版社，2006.9
ISBN 7-5043-5085-0

Ⅰ.第... Ⅱ.①坡...②李... Ⅲ.电子商务
Ⅳ.F713.36

中国版本图书馆 CIP 数据核字（2006）第 104896 号

WAVE 4: NETWORK MARKETING IN THE 21ST CENTURY
By Richard Poe
Published by arrangement with the Crown Publishing Group, a Division of Random House, Inc.

著作权合同登记号：图字 01-2006-2624 号

第四波——21 世纪网络直销的第四次浪潮

作　　者	（美）理查德·坡
译　　者	李莉萍
责任编辑	李亚明
封面设计	大象工作室
责任校对	夏　芒
监　　印	赵　宁
出版发行	中国广播电视出版社
电　　话	86093580　86093583
社　　址	北京市西城区真武庙二条 9 号（邮政编码　100045）
经　　销	全国各地新华书店
印　　刷	北京广益印刷有限公司
开　　本	787 毫米 × 1092 毫米　1/16
字　　数	170（千）字
印　　张	15.875
版　　次	2006 年 9 月第 1 版　2006 年 9 月第 1 次印刷
书　　号	ISBN 7-5043-5085-0 / F·397
定　　价	22.80 元

Wave4

目录

第五部　寻求良师益友

第六部　运作系统

第七部　讲述你的故事

第八部　保持简单

第四波序言

《网络直销生活方式》杂志的创始人之一约翰·米尔顿·弗格，曾经对我说过，在网络直销领域的出版方面，20 世纪末～21 世纪初的整整 10 年，终有一天会由一个人的成果来定义，那个人就是——理查德·坡。

这听上去有些夸张。不过我愿意接受约翰的这个看法。1990 年 5 月，当理查德抛出他的第一枚原子弹来开创这个时代的时候，我碰巧是他《成功》杂志社的上司。他的那第一枚炸弹就是杂志上的一篇专栏，标题是“网络直销：九十年代联系消费者的最强大方式”。约翰·弗格曾经将这篇文章称作是“杂志出版史上唯一一篇被复制得最多、传播最广的评论。”

更夸张了？我可不这么认为。想想美国国内以及全世界涉足网络直销的数千万人，我认为这种说法是可能的。在我的记忆中，络绎不绝的人都对我说他们曾经读过理查德的文章。我记得《成功》杂志社的电话曾经响个不停，因为人们都希望文章再版，我还记得自己曾不下十次听到过人们背诵这篇文章的标题和引言。依据我自己的观察，我会说，理查德的专栏不仅仅是历史上传播最广的特别报道，而且是在读者的头脑中留下印象最深、最久的报道。

现在，理查德又创造出了《第四波》，这本书所具有的能量使他以前的成果也显得相形见绌。读这本书会让人体验到一种激动人心——或者兴奋异常的感受。

正如理查德以前所著的有关《波》系列丛书一样，《第四波》所叙述的是网络直销惊人的影响力。理查德描述了它对经济、商业社会和那些选择直销作为生活手段的独立分销商的生活方式、财富以及幸福的影响。不过，在《第四波》中，他还特别提到这种营销方法是如何彻底变革互联网时代的商业。

理查德是第一个在主流商业出版物上撰写有关网络直销文章的人，也是第一个通过令人敬重的、主流出版商来出版这方面书籍的人。当我在圣地亚哥举行的直销协会年会上写下这些话语的时候，我时时都能记起理查德对这个行业所发挥的巨大影响。

参加这次会议的有来自那些著名品牌公司的企业执行官，例如安利(Amway)、雅芳（Avon)、超越通讯（Excel)、康宝莱（Herbalife)、如新（Nu Skin）以及Primerica……在整个为期四天的会议中，大家一次又一次地听到理查德·坡这个名字以及“第三波”这个名词。对“第四波”的兴奋期待早已在人群中泛起阵阵波澜。

对我来说，这些都没有出乎意料。很早以前我就意识到，理查德的职业生涯注定将奏响一个接一个的最强音。我第一次见到理查德是在十几年前，那时我是一个杂志社的编辑，正在四处寻觅优秀人才。理查德当时是企业家领域的一位年方29岁、炙手可热的作者。我委派他来负责过去由《亿万富翁》杂志所有人W·克莱门特·斯通所撰写的末版专栏。他带来的变化令人震惊。理查德立即轰动一时，每个月都会为杂志带来数千名新读者。

在这些年中，理查德的兴趣之广泛令我大为惊奇。他对各种各样的知识无不感到好奇和渴望，而这种现象则要追溯到他的儿童时代。理查德是一个来自神童家庭的神童（理查德的那些颇有天赋的兄弟姐妹中有一个兄弟在14岁时就考上了大学)。他15岁就获得了国家科学基金会奖学金，16岁考上大学，并且追寻的是一种综合性的学术经历，因此他去过许多地方，包括前苏联的列宁格勒国立大学（在此他学习俄语)，还有佛教Naropa学院，在此他学习写作，研究诗人艾伦·金斯伯格。

理查德一直以来最感兴趣的一点就是自助自立和创新的领域。在《成功》杂志社工作期间，他致力于亲身探寻他所运用到的观点，从增长见识方面的研究到戴尔·卡内基、斯蒂芬·柯维以及拿破仑·希尔的自我完善的原则。理查德并不是泛泛描写目标制定、自我约束以及时间管理方面的内容；他带着强烈的热情刻苦钻研这些领域，以最为诚恳的方式在自己的生活中身体力行每一个新观点，而且探明一切。

今天理查德所占据的职位更加令人羡慕——经济独立的自由作者。当他人喋喋不休、吹毛求疵的时候，理查德正成功地将他的广泛兴趣转变成一本又一本的超级流行佳作。

例如，他那些关于创造和自我完善的文章就产生了一本绝妙的著作——《爱因斯坦因素》，这是他同韦因·威戈（Win Wenger）博士合著的。这本书基于在大脑和心智等前沿领域的研究，成为所有自助书籍中最与众不同的一本。读者的评论证实了这本书改变生活的可怕力量。

在《成功》杂志社工作期间，理查德对古代历史的兴趣经常会不由自主地流露出来，表现在那些关于罗马帝国统治者领导才能或者希腊哲人直观实践的文章中。不过，我一直都没有意识到他对古代世界是如此着迷，直到他撰写了名叫《黑色的火花，白色的火焰》那本书。这本书所探究的是一个颇有争议的问题，即几千年前，埃及的探险家们是否发现了那个野蛮的、处在部落时期的欧洲，并且将其开拓为殖民地，使其变为文明的世界。

我对此书爱不释手，于是直接取消了自己的所有活动，为的就是把全部时间都用在翻阅这本厚达五百多页、意味深长且完美无缺的散文上。这本书将过去的事情活灵活现地展现在我面前，这是我所看到过的其他任何一本书都无可比拟的。作为《科学文摘》过去的主编，我认识到了理查德一流的出众的学识所在。《黑色的火焰》无论是在其调查研究还是在其书写的方面，都完美得令人难以置信，严谨可靠、满是财富，就好像一座古代的金字塔。

当然，理查德所撰写的最成功的书籍——也是他因此而声名大噪的书籍——就是关于网络直销的《第三波》系列书。人们总是说理查德对网络直销的推动和支持超过了任何一位作者所能做到的。这当然是善意的恭维，但是这种称赞并没有完全指出他所做出的贡献。

这个领域从来都不乏支持者和推动者。它所需要的是这样一个人，一个拥有过人的才智、超凡的写作能力和绝对正直的品性的人，一个愿意做出极大的努力去研究、报道这个日新月异、不断创新的领域内所存在的危险、隐患以及显著利益的人。理查德那无与伦比的才干、经验、气质以及知识基础使他成为了从事这项工作的最佳人选。

在理查德开始撰写有关网络直销的书籍以前，这个领域的门外汉所经历的一次又一次灌输，只能让他们对这种商务模式到底是怎么一回事都很难了解。所有的一切都笼罩在云遮雾罩中。谁能知道到底发生了什么事情、能了解这种行为方式到底有什么样的商业意义？那位热情地向你讲述网络营销所带来的成功许诺的朋友，他自己对此又了解多少？很显然，这些问题的答案在过去都无从寻找。

那时候，网络直销确实在不断地创造着经济奇迹，但是，从信息交流的角度上看，这个领域却是处在一个“黑暗时代”。神话与谣言交织，事实与谎言共舞。无数相关的出版物犹如昙花一现，刚刚发芽，即已凋谢，所存续的时间仅够高声喊出它们的标题，而这些标题或真或假——可是谁又能分辨其中的真伪呢？

这个领域曾经有成千上万自诩的先知们，他们的声音加在一起却只是一片嘈杂的喧闹声——难以分辨，声音刺耳，互争高低——简直就是一个满是先知和智者们的狂欢节，他们站在肥皂箱子演讲台上高声宣扬着启示录。没有一个声音站起来掩过这片嘈杂、混乱的喧嚣声。视野里连一丝真相、一处事实都没有出现。

只有理查德一人看清了全局，正如他以前所精通的每个领域一样。伴随理查德一起的是他那些结构严谨并且基于数百小时的辛勤而专业的研究、分析、思考才做出的报告。一年又一年，一篇文章接着一篇文章，一本书接着一本书，理查德已经身居前沿——观察着一个又一个改变世界的革命，并将它们记入史册。通过这些有关直销的著述，他自己也创造了一次革命，让网络直销成为了商业新闻界一个正规的话题。

勿庸置疑，《第四波》是这一系列中的最佳作品。在这本书中，他用条理最为清晰的语言描绘出了那些鲜为人知的商业走势，而实际上正是这些走势将确保21世纪网络直销的蓬勃发展。而且这本书还向大家准确地说明了如何让自己也成为这次革命的一份子。

所以，现在让我们来翻开书页，坚守岗位。理查德·坡无疑又一次大获成功!

斯科特·迪加莫

《成功》杂志的前主编兼发行人

第四波前言

Wave4

1993 年以前我们的生活是怎样的？已经很难想起了。那一年，国家超级计算机应用中心发布了 Mosaic 浏览器，首次让普通人也能上网冲浪，只要会点鼠标就行。在 1993 年以前，只有计算机呆子们才知道“互联网”这个词，可如今，每天有数百万人在网上做买卖，互联网已成为美国经济中成长最迅速的部分。从 1997 年到 1998 年，网上购物交易量从 30 亿美元增长到 70 亿美元，翻了一番多，全世界网上购物在 2003 年达到 5.1 亿美元，仅在美国就有 1.77 亿美元。

当后代子孙们回头看 20 世纪九十年代的时候，一定会把这看作是巨变的 10 年。不过，互联网仅仅是众多新发明中的一项。这 10 年里最为巨大的变革，有些是在幕后悄悄进行的，不为主流媒体所闻。例如，正是在 20 世纪九十年代，一个毫不引人注意的、称呼不一的行业——有人叫网络直销，或者 MLM ——销售额达到约 800 亿美元。根据直销协会的统计数据，截止到那个年代末，大约有 800 万美国人正在从事网络直销这个行业。如同互联网一样，网络直销也在 20 世纪九十年代涌现，也成了推动 21 世纪经济发展的最强有力的新型引擎。

我承认我在提供这些数据时带着某种安慰感。我们这些以预测未来趋势为业的人总生活在惶恐不安之中，担心哪一项预报被事实推翻。这一次，命运之神眷恋了我，让我免受羞辱。网络直销不仅实现了，而且超越了我最为乐观的预测。

1990 年 5 月，那时我还担任《成功》杂志的高级编辑，我有关这个问题的第一则预报就引起了轰动。我撰写了一则专栏，名叫《网络直销：九十年代联系消费者的最强大方式》。说实在的，这篇报道改变了我的生活。一夜之间，我成了 MLM 世界中的一个名人。随处可见我的专栏，在遍及全国的创业说明会上，大家互相传阅着成千上万册复印件，在我的办公室内，有一堆堆来不及阅读的信件，我的电话响个不停，我被众多激动不已的读者包围着，他们一边感谢我报道了这篇文章，一边高声疾呼更多有关MLM的报道。

我的主编斯科特·迪加莫立即命令我和另一位同事，高级编辑邓肯·安德森，汇编一篇有关网络直销的封面报道。我们召集了一批一流的作者、研究者和行业专家，包括《上级》的编辑约翰·弗格、《营销洞察》的编辑瓦莱丽·弗利、活跃的嬉皮士转雅皮士转MLM又转权威专家的杰尔·鲁宾，以及长岛大学市场营销系主任斯瑞库马·拉奥博士（Dr. Srikumar Rao），等等。离这篇报道刊登还有好几周的时间，风声就传到了MLM群体的耳朵里，预订单如洪水般涌来，数量如此之惊人，使得我们不得不聘请一位专职的电话营销人员来处理它们。我们给这篇报道取名为《我们创造百万富翁》，在1992年3月的那一期上刊登了出来。那个月，报摊销售额都翻了一番。

令人兴奋激动的到底是什么呢？《成功》是国内第一家正面描写网络直销行业的商业杂志，激动之情就来自于此。在此之前，除了恶毒的诽谤，从事MLM的人就不要指望从主流评论家那里听到任何话语了。新闻工作者们都将这个行业描绘成一夜暴富的阴谋，是贪心的人、孤注一掷的人以及容易上当受骗的人的金字塔把戏。《成功》敢于将MLM称作是“席卷未来的潮流”，这可是冒着巨大的危险。令人高兴的是，在短短的几年内，我们的判断就得到了证实。

现如今，那些颇有声望的出版物，从《华尔街日报》到《纽约时报》，都已经以一种全新的、颇带敬意的口吻来报道这个行业。财富500强企业如IBM和MCI，都通过第三方MLM公司进行产品和服务的市场营销。世界上最大的金融服务公司花旗集团，也在通过一家网络直销公司销售共同基金和人寿保险。在过去5年中，就利润增长方面来看，在美国证券交易所名列第一的股票一直都是Pre-Paid Legal Services——一家MLM公司。52亿美元的化妆品巨人——雅芳产品的销售代表，现在也理所当然地获得了挑选一种多级报酬体制的权利。

现在，人们很难再想起很久以前的那个时期是什么样子了，那个时候，在大众的观念中，网络营销总是与连锁信和金字塔计谋密不可分。这个行业的形象已经恢复得非常彻底，以至于现在的MLM将那些道德领袖都纳入了它的斗士行列中，比如说斯蒂芬·R·柯维，世界闻名的企业伦理领袖以及销售量达1000万册的畅销书《高效能的人士的7个习惯》的作者。在《网络直销生活方式》杂志的1999年3月份的一期封面报道中，柯维这样评论说：“网络直销为人们提供了一次创造性的机遇，让大家得以创建自己的事业并进行自我提高。”

随后，不用说，就是我自己的作品了。《第三波》及其续篇《建立下级团队的第三波方法》所取得的成功，正是这个行业发展的一个缩影。当《第三波》在1994年首次出版发行时，它所谈论的主题似乎非常晦涩，以至于许多书店都拒绝购进，直到被纷至沓来的顾客需求所压倒。正如网络直销自身一样，《第三波》这套书的传播完全得益于口碑相传，没有做过广告，没有在主要的刊物上做过评论，没有在电视台的脱口秀节目中作过讨论。甚至连我自己都没有在演讲或巡回研讨会上吹嘘过。可是出版界不得不刮目相看，这纯粹是出于惊人的销售额。

《第三波》这套书是在1996年11月跃入公众视野中的，当时，它们同时出现在《商业周刊》和《纽约时报》的畅销书排行榜中，一共销售了100万册。今天，只有少见的Barnes and Noble大型超级市场才不会在其商业区域给予《第三波》这套书以特别显著的展示。

关于这些书的消息正是通过口碑相传的网络传播的，如同每天都要销售价值上亿美元的护肤霜、维生素、植物营养补充剂、长途电话服务、人寿保险和上网卡的网络一样。它们通过传真、语音邮件、电子邮件的方式来传播，通过留言板来公布，通过卫星会议来宣传，通过全国范围内MLM下级团队的内部通讯来引人注目。《第三波》这套书完全绕过了传统的营销渠道。我亲眼所见，直到今天，某些著名的纽约出版社里的经理们还挠着头皮，对发生的这一切感到迷惑不解。

是什么刺激和推动了广大民众对我的书产生如此浓厚的兴趣？正是推动网络直销自身成为800亿美元产业的那股力量——大众们希望通过商业业主的身份获得人生和经济的独立。微机技术已经改变了全美国。自动化操作正在消灭蓝领的工作，而分散经营迫使越来越多的白领进入自由市场，作为自由签约人来兜售他们的技能。不幸的是，大多数人装备不佳，很难在21世纪的市场上独立谋生。他们缺乏自己创建企业的远见、策略或才智。于是，他们转向了一切齐全的商业体系，比如网络直销，而且转向这个行业的人数一直都保持持续上升的态势。

在《第三波》中，我介绍了以大多数人为消费对象的MLM概念——网络直销创业机遇的新一代，使这项业务的许多方面都得到了简化，并变成了自动化。第三波网络直销人开始依靠招募录像、传真即付的服务、卫星会议、语音邮件传播、网上探寻潜在顾客、厂商直接向顾客发货的程序、以及其他的技术革命来发展壮大他们的业务。第三波方法第一次使网络直销能够真正联系到广大群众——引发了这个行业在20世纪九十年代的迅猛增长。

现在，当我们步入21世纪时，《第四波》探讨的正是MLM的最终边界——征服全美国。随着工作岗位的日益消失，成百万的MLM机遇取代了它们。新媒体的增殖扩散冲淡了广告的效力，促使越来越多的企业转向MLM，寻求直接的、口碑相传的方式来接近消费者。网络直销公司迅速发展成一种超越古今的“销售高速路”，越来越多的财富500强企业选择这条路来分销他们的产品和服务。

主流商业社会普遍接受了网络直销，并将其视为一种正规的，甚至是更高级的市场营销手段，这被称为“大众私有化”现象，卡特在他的那本名为《无限财富》的书中这样解释道，大众私有化需要商业业主身份的大规模转换，从集中的、公司制的管理机构转变到数百万自己经营的个人的手中。

“它是基于私人业主身份和个人自由的组织体系，”卡特说，“每一个人拥有他自己所从事的某种特定的工作，而且还通过互联网和信息高速路与其他个体伙伴相互联系、相互依存。这里没有经理、薪水、老板、等级、雇员或者中央控制。”

在卡特所确认的促进大众私有化的手段中，网络直销只是其中的一种。不过显然这是迄今为止人们想出的最成功的手段。MLM 为许多人提供了第一个、真正摆脱朝九晚五的苦差事的机遇。在这样一个大家都因涨价、加税、以及膨胀的官僚体制而日益感到约束的时代，MLM 带回了开拓新领域的那种自由自在的精神。

在《第四波》中，我向大家展现了关于 21 世纪网络直销的完整的入门知识。它向大家解释了，什么是 MLM，它是如何运作的，以及为什么它能迅速成为零售业经济的最富活力的部门。它还给出了全面完整的指导说明，教你如何选择公司、分析酬劳体制、启动事业以及发展下级团队，既包括网络空间，也包括真实的世界。初出茅庐的人会在此找到有关这项业务全面的指导说明。经验丰富的人会在此找到许许多多的激励故事以及来自名家能手的成功秘诀。

《第三波》的百万读者已经知道，我现在不是、以前也从未亲自涉足网络直销，既没有做过分销商，也没有做过培训师。不过我之所以敢对这项事业提出指导，原因同九十多年前一位名叫拿破仑 · 希尔的身无分文的作者一样，他也曾大胆教授人们挣取百万美元的秘密。希尔的那些成功原则并非来自亲身经历，而是来自对当时成功的商业人士的深入采访。他用了二十年来探究那些传奇人物，例如亨利 · 福特、托马斯 · 爱迪生、安德鲁 · 卡内基……并从与他们的谈话中提取出这些大师们最宝贵、最守口如瓶的秘密。他们那些来之不易的见识构成了希尔励志系列名著的骨干部分，例如《成功法则》和《思考与致富》。

同样，我也将过去十年中的大部分时间都投入到对网络直销的深入调查和研究中。以希尔为榜样，我也采访了该行业中的许多成功人士，也将他们的秘密公之于众，提供给这个渴求成功指导的世界。尽管我一定不会放肆地将希尔的伟大成就与我自己那平凡的成绩相提并论，但是，我真心希望自己已经从希尔的榜样中吸取了一些经验，掌握了一些技巧，能够为那些雄心勃勃、刻苦奋斗、在电脑时代的新领域中追求经济自由的人们提供切实可行、颇有成效的建议。

亲爱的读者，当你即将启程，驶向经济自由的国度时，我预祝你取得最大的成功。祝愿你的企业兴隆发达，祝愿你的信念永不衰退，祝愿你永远都不会向任何主人低头，除了上帝之外。

理查德 · 坡

第四波绪论

加尔文·柯立芝曾经说过："仅仅坚持就是万能的。"

作为一名研究企业家的作家和编辑，我已经目睹了这句至理名言一次又一次地得到了证实。

理查德·坡既是我的同事也是我的朋友，他可能就是我所认识的、最为坚持不懈的人。我是在他加入《成功》杂志的团队后才认识他的。在他首先做的事情中，有一件就是建议我们报道一种当时并不存在的商业——至少不为主流的商业媒体所知。那种商业就是网络直销。

我们的同事中有许多都竭力反对这种想法，但是理查德让我相信了他。一篇名叫"网络直销：九十年代联系消费者的最强大方式"的报道就是由他撰写，由我来编辑的。那期杂志刚一问世，网络直销商们就报以热烈的回应。在接下来的几年里，他们使我们的电话和传真机响个不停，让我们的邮递员每天都要额外运送好几磅重的邮件。即使是这样，一些持怀疑态度的职员还是拒绝承认网络直销的重要性。但是理查德仍然坚持不懈、日复一日地埋头于这个课题，直到他们的反对意见消失。

理查德继续努力，写出了一本本有关MLM的畅销书籍，比如《第三波》和《建立下级团队的第三波方法》。随着他的好运一路飞涨，这个他所倡导的行业也是如此。

在过去，作为一名新闻工作者，我常常发现这是一个很难报道的行业，因为，那时找网络直销商们谈话就像是追踪某个秘密团体的成员。现在，不论我走到哪里都会与他们不期而遇，从我居住的这个小镇路边的复印店到纽约大都会俱乐部里的黑领结半正式晚宴。

正如理查德书中所说，网络直销在20世纪八十年代犹如火箭般直冲云霄。我认为在那个年代发生这件事情绝不是一个巧合。20 世纪八十年代见证了“企业家身份时代”的诞生。正是在那些年中，“企业家”在商业新闻界中不再是忌讳的字眼。

企业家身份绝不是指单纯拥有一份小生意。在我长大成人的20 世纪五、六十年代，拥有一个加油站、理发店或者干洗店是再正常不过的事情。那时甚至还有个人独立经营的艺术家、作家以及其他多种多样的狂热分子。我的家族中满是这样的人。

但是，大家当时都认同，拥有一份生意与有一份工作的目的是相同的：为了谋生。只有急红眼的幻想家或者房地产的奸诈之徒才会将拥有一份生意看作是改变生活的方式。这只能成为笑柄，就好比是你的一个傻叔叔在“珍稀”动物(jackalope)(译者注：一种想象中的动物，有兔子的身体，头顶却长着鹿角）养殖场里损失了一大笔投资。对于多数人而言，努力成为一名企业家就意味着你在正常的生活中已经失败，正试图找到一种再次启动这场游戏的方式，通常都是通过欺骗他人。

但是，到了20 世纪八十年代，却发生了一场商业理念的革命，这场革命的动力来自一连串的革新，“800”电话号码、电脑、直接邮寄、塑料制品。普通人都依靠自己，或者通过他们的养老金和共同基金，挣着大笔大笔的金钱，要么是通过股市，要么是通过出售价格增长了五倍的房屋。突然间，成为一名企业家、期望从自己的投资中获取五倍、十倍、甚至上百倍的收益都似乎成了很正常的事情。

网络直销正是这场革命的一部分。还有哪项生意能使普通人每个月挣 1 万美金，而且启动投资所包括的不过是 80 美元的起动装备、每月 300 美元的电话费、一年 1 万美元的车旅费、电脑 700 美元的折旧费以及 2000 美元的邮费和办公用品？

依靠网络直销等新方法的帮助，“企业家身份时代”向大家证实了工作的的确确能够改变生活。它教会人们明白了这样的道理：让自己变得更富裕的同时并不必使别人贫穷。它表明，人类的创造力能够从微不足道的事物中创造财富，犹如计算机硅片将沙子——地球上除海水以外最为常见的物质——转变为一场数万亿美元的工业革命。

在人们最近的记忆中，20 世纪八十年代，“企业家”这个词才第一次用来表示羡慕而非嘲笑。与之相应，网络直销商的人数也增加了许多倍。

现在，一股新的热潮又来了，理查德把它叫做“第四波”。正如他在这本书中所证明的，MLM 已经成为了推动信息时代经济发展的最富活力的力量之一。从 IBM 到花旗集团，一些大公司都正在利用 MLM 来赢得竞争优势。你在《华尔街日报》上所看到的成功故事中，有越来越多的都是关于安利、雅芳、康宝莱、Primerica和超越通讯这样的公司。

在我们面前仍然还有很长的路要走。即使是在今天，新闻媒体在认识MLM对经济的真正影响的问题上还是远远地落在了后面。坦率地说，对于新闻界的大多数人而言，那些普普通通的人，他们当中许多人都没有什么大学学历，可就是他们正在经营价值数百万美元的生意，一想到这些，简直就令人害怕。但是今天的人们不再像过去那样依赖官方的新闻来源。

当主流媒体错过这个故事的时候，这些消息却越来越多地通过其他途径不胫而走。现如今，如果你想了解华盛顿丑闻或者巴尔干战况的真相时，你就忘了有线新闻网（CNN）和《纽约时报》吧。每天，有数以百万的人正在无拘无束地通过网站来获得他们的消息，例如WorldNetDaily，NewsMax，Free Republic和The Drudge Report。本着同样的、自己做新闻的态度，理查德·坡已经绕过了主流媒体，将有关网络直销的好消息带给了千千万万的人们。

我们在自己的出版物《网络直销生活方式》上已经目睹了公众对MLM感兴趣的有力证据。在我们于1999年3月开始发行销售之前，没有一家关于网络直销的杂志。我们第一期杂志的封面就是斯蒂芬·R·柯维的特写，他就是畅销1000万册的图书《高效能人士的7个习惯》的作者。在那次采访中，斯蒂芬公开认可网络直销是一种商业模式，也是一种生活方式。为什么他只对我们说这些话，而不对过去15年中他所面对的无数其他的采访者说呢？因为没有一位主流新闻报道人愿意费心征询他对这个问题的看法。

启动这份杂志的感觉有点像是步入一个职业棒球场，发现比赛已经开始，可是出场的队伍只有你们一家。对于这项成就，大部分功劳都要归于理查德，正是他在许多年前撰写了有关网络直销的第一篇专栏，从而为我们指明了道路。

在《第四波》中，理查德开辟了新领域，向大家揭示，为什么网络直销能够独占有利地形，从而在商业时代初见拂晓之际创造利润——这时企业公司和个人都在引领潮流。继续往下看。轮到你加入的时刻了。

邓肯·麦克斯韦·安德森
《网络直销生活方式》社论主任

第一部

崭新的领域

WAVE4

第一章

新一代先锋

当眼泪流下来的时候，丽莎·威尔伯自己也很吃惊。她究竟为什么哭泣？直到那一刻，她才意识到自己有多难过。

这原本是平凡得不能再平凡的一天。丽莎等了两个小时，电工才来。她的电费拖欠了4个月，电力公司派人来断她家的电。她已经等了他很长时间，她眼巴巴地望着窗外，手里紧紧握着46美元，这点钱刚够再买1个月的电。

她知道能有这笔钱已经很幸运了。为什么还要流泪呢？或许是因为那个电工的眼神太讨厌了，当时，她穿着一身运动服从她住的活动房屋中跑出来，手里挥舞着钱，那个电工的眼珠子对着她骨碌碌地转。她在雪地上走得很吃力，鞋带散了，头发也乱了，她很清楚自己有多邋遢。周围也是一片混乱——积雪的车道、不停的狗叫声、破烂的冰箱以及渣煤砖上四分五裂、锈迹斑斑的小车——整个一个贫民窟。

“他那种眼神，”丽莎回忆说，“简直是在鄙视我。他好像在说：‘你这个穷光蛋，你就活该住在这样的地方，你生下来就住在这样的地方，你会永远住在这样的地方。’”

事实上，丽莎在活动房屋中只住了两年。可是一直以来，要想摆脱这种境地似乎越来越难。她所尝试的每一件事情似乎都错了。几个月以前，她被一家软件公司解雇了，然后在新罕布什尔州这个小地方，她很难再找到工作，现在又处于经济不景气的时期。她丈夫靠伐木的小生意每个月赚几百块钱都很难。

他们靠通心粉和奶酪活下去。他们那辆吱吱作响、破旧不堪的雨果（Yugo）车，每周都要坏上好几次。当他们需要买汽油的时候，会把车里的座垫都给拖出来，仔细寻找他们可能遗落的每一个零钱。丽莎的世界已经缩减到一个12×70

平方英尺的活动房屋中，里面只有一个烧木头的炉子来取暖。在冬天，用胶带粘贴在窗户上的塑料纸在风中吱呀作响，电视里整天传出喋喋不休的脱口秀。有时候，丽莎真想高声尖叫。电工来的那一天，就是这样的日子。电工走后，她回到活动房屋里，坐在躺椅上，默默地流泪，直到再也哭不出来。

小木屋心理

那个时刻，如果你告诉丽莎·威尔伯她未来将发生的事情，她可能不会相信。她命中注定将在几年的时间里从自己数百万美元的销售系统中获得几十万美元的收入。丽莎再也不用担心被解雇，因为她将成为自己的老板，她将在精英的群落中占有一席之地，那都是高瞻远瞩、未雨绸缪的企业家们。她将充满自信地跨入21世纪，并且倍感安心，因为她知道她所经营的事业能够抵御全球经济的风暴。

总而言之，丽莎是一位开拓先锋。她那个四处透风的活动房屋，在如今这个信息时代，就如同大草原上的茅草屋，或者落基山脉中的一个小木屋。她断掉找工作的希望后，被迫采纳了一种前沿思想。她不得不放弃薪水、医疗福利、假期和养老金，而在自己身上寻找生存的力量。

正是这种新的想法——这种违背她意愿、被强加在她身上的想法，真正拯救了她。当其他人拼命坚守着自己的工作、唯恐发生一丝变化的时候，她却被迫放弃。她成了一名现代的个体户。很早以前，世世代代的美国人就踩出了这样一条孤独的路。同他们一样，丽莎将在一个艰难、冷酷的环境中靠自己谋生，每天都与挫折抗争。但是，也同他们一样，她将战胜内心的恐惧，为自己、也为家庭构建一种新生活。

合适的工具

> 什么是网络直销？它是一种销售产品的策略，它允许独立销售人员招募其他的销售人员，再从这些人的销售额中提取佣金。

过去的开拓先锋，是用温切斯特连发步枪、柯尔特45式手枪来武装自己，来征服西部荒地。信息时代的开拓者，也要挑选一些特别的武器——那是一些商务战略，用来帮助普通人在电脑经济体系下繁荣兴旺。

在丽莎追求自给自足的过程中，她为自己装备了那些武器中最强有力的一个。

这个武器有许多名字。有人叫它网络直销，还有人简单地叫它MLM。它的确不是一件新事物。在50多年前，这种强大的商务技巧就已问世。但是，在过去的10年中，科技的迅猛发展让人们更加看清了它的独特优点，这是他们以前从未经历过的。

什么是网络直销？它是一种销售产品的策略，它允许独立销售人员招募其他的销售人员，再从这些人的销售额中提取佣金。在一家MLM组织中，你可以招募一些人，这些人又招募其他的人，依此类推，构成一个团队，它深达许多层，人数可以上百，甚至上千。

一份800亿美元的商机

在过去的年月里，许多商业领导者对网络直销不予理会，把它视作一夜暴富的阴谋，与连锁信和金字塔骗局相类似。不过，这样的日子已经一去不复返了。今天，财富500强企业都蜂拥而上，通过MLM网络来做生意，华尔街的分析家们也高声颂扬这种销售方式。

毫无疑问，网络直销已经成长为一股21世纪经济发展的推动力量。要弄到MLM全球增长的可信统计数据不是一件容易的事情，因为许多公司都不会向任何一家贸易组织报告他们的销售额或成员人数。尽管如此，依据来自华盛顿特区的直销协会的可靠数据以及其他的行业信息来源，《网络直销生活方式》的社论主任邓肯·麦克斯韦·安德森估计，在美国，MLM组织的年销售额已经达到大约200亿美元，而在世界范围内，达到了800亿美元。依据直销协会的保守估计，仅仅在美国，就有大约800万人在从事网络直销。

他们为什么要做这件事？因为MLM能解答人们在信息时代面临的最为恼人的问题之一：在缺乏工作机会的时候，该如何谋生？

亲自实践

无论是哪个年代的未开拓领域都会提供数不尽的机会。但是，有一样东西它们不提供，那就是工作。第一批落脚美国大平原的自耕农，完全得靠自己。他们亲手建房、挖井、耕地、饲养牲畜，否则，就要饿死。

在电脑新领域生活，道理如出一辙。在过去的20年里，数以百万的人被公司解雇了。要想找到其他工作，并且拥有相当的薪水、福利或保障，对许多人来说是徒劳。在过去，裁员被看作一种暂时削减成本的措施。为度过难关，公司会大量削减他们的薪金名册。不过，只要经济反弹，他们会重新雇佣这些工人。这样的事情再也不会发生了。

今天，之所以要裁员，完全是出于不同的原因。公司解雇工人是因为他们的

> 随着传统劳动力形式的萎缩，那种应急的劳动力形式——依据合同工作、时间灵活或者做兼职的人——则以不断加快的速度在增长。

工厂已经搬出了这个国度——永远地，或者是因为自动化已经让人力成为多余。“科技使公司变得越来越高效——需要的人也越来越少，”经济学家以及《无穷财富》、《他人的金钱》和《上帝想让你富有》的作者保罗·赞恩·皮尔兹（Paul Zne Pilzer）说：“最能赚钱的公司就是那些裁员最多的公司。这种过程还将继续加剧。”

如今，不论是丰产还是歉收的时节，裁员的过程都在继续。大部分失去的工作再也不会回来。即使那些还在上班的人，也要经常变换自己的身份，有时是雇员，有时又是自由签约人。公司更喜欢自由职业者，他们干多少活，给他们多少钱，还不用为他们支付福利待遇。

工作的含义

在《主权个人》一书中，经济预测学家詹姆斯·戴尔·戴维森（James Dell Davidson）和威廉·李斯莫格勋爵（William Rees-Mogg）预言，在21世纪，“工作”一词将退回它过去的含义，也就是在工业时代以前人们对工作的理解：你揽的活儿。比如你是一个铁匠，要给别人打一只铁锹，你在工作，需要这把铁锹的人会给你钱，但是没有人给你发月薪。“在工业时代以前，”他们评述说，“永久的职业几乎不为人知。”当然也没有人期待医疗福利和养老金。今天，“那些像美国电话电报公司（AT&T）一样的大公司已经取消了所有永久性的工作种类，职位都变成了临时的。”

另外，依据前劳工部长罗伯特·赖希的估计，在美国，20%的劳动力已经成为个人独立经营。如果李斯莫格和戴维森的预言正确的话，在未来的几年里，这个数字可能会达到100%。

退休的结局

在拓荒年代，只有一种方式能够确保安逸、舒适的退休生活：你建立了一份事业——通常是一个农场，而且这份事业能够持续不断地挣钱，直到你去世的那一天。信息时代的开拓先锋们也将面临同样的考验，没有公司和政府给他们发放养老金，他们必须通过建立强大的、自立的事业来为自己搭建巢穴。

自由签约人没有资格接受公司养老金。在21世纪，他们还极有可能连政府的钱都得不到。像社会保险这样的先纳税、后支出的退休机制，已经失去了势头。

再没有人供得起这些税费来让它们持续运转。一些人将他们的希望寄托在新的计划上，将社会保险税费转向个人退休基金或者投资到股票和债券市场上，但是，市场总是处在繁荣和萧条的交替中，只要一次大萧条，你就得和自己的退休吻别了。

假如政府完全让出，允许你保留自己的钱并存在银行里，即使是在这样一种非常乐观的情况下，仍然有许多人无法获得舒适的退休生活。依据现在的通货膨胀率和利息，2000 年的一位 40 岁的人需要存至少 300 万美元，才能在晚年享受舒适的、中产阶级的生活方式。可是，你知道多少中产家庭有这个能力？

电脑新领域

在 19 世纪，数百万的人坐着大篷车蜂拥到拓荒的新领域。今天，却是新领域在朝我们走来。生活在今天的每一个人都必须面对电脑经济时代，不论我们喜欢与否。我们在未来岁月里的生活将完全取决于我们接受这个事物有多快、又如何为自给自足做好准备。电脑新领域里的生活很艰难，工作累得令人散架，充满激烈的竞争，充满风险、恐惧和焦虑，不过，正如过去的开拓先锋们在西部创造了财富一样，我们也面临机遇，我们可以实现前所未有的繁荣和兴旺，其方式也是我们在过去的公司世界里从未想过的。

很早以前，专家们就已预测：21 世纪将是一个奢侈的年代，因特网会提供充足的定制服务，迎合消费者们每一个突闪的念头。事实就是如此。但是我们必须通过自己的辛勤汗水来挣取这些奢侈品，我们必须通过明智的决策来挣取它们。我们今后的生活，将大部分取决于今天做出的选择，以及用来构建我们的事业的策略。那些选择网络直销的人，将在正确的方向上迈出巨人的一步。

第二章

杠杆原理

“给我一个支点，”阿基米德说，“我就能撬动地球。”这位最伟大的希腊数学家说的就是杠杆的力量。他的意思是，只要有一个支点、一根足够长的杠杆以及一个放置这套设备的地方，他就能移动地球，就像一个农夫用锄头撬走田里的一块石头。

杠杆和支点属于人们所知的最简单的装置，然而它们能使一个工匠升起比自身重量重许多倍的物体。在商业世界里，杠杆原理的奇妙效力更是被发挥得淋漓尽致。那些CEO们通过借钱来获得杠杆，从而扩大经营规模、抬升股票价格、增加利润，仅凭现金流是远远达不到这种程度的。经理通过将任务委派给雇员们来获得杠杆，从而使他个人的努力能够增长许多倍。亿万富翁，石油大亨保罗?盖蒂（J. Paul Getty）曾经说过这样一句话：“我宁愿拥有100个人每个人1%的努力，而不是自己100%的努力。”

盖蒂说得没错。任何一个人都不可能有时间或精力来完全依靠自己建立一份成功的事业。一个企业家成功与否，与他的杠杆的力量直接相关。网络直销的作用就在于此。这个体系就是专为普通人打造的，使他们能够接近非凡的杠杆作用。

最初阶段

第一批利用杠杆作用力进行推销的美国人是印第安人。他们将杠杆原理发挥到了极致，不仅在内部的交易中使用，同白人打交道也是如此。哈得逊海湾公司驻加拿大的代理商们发现，卖给他们海狸皮的那些本地人，使用的是一种特许经营的体系。这些印第安人不是一对一地与英国人打交道，而是组织一大队独木舟，每年光临商栈一次，每个舰队由一名贸易首领指挥，首领都是谈判技巧出众的人，他们向其他印第安人收一笔加盟舰队的特许经营费——最典型的就是，一个独木舟收一张海狸皮，以这个价格，印第安商人们获得了加入大型贸易方的优势，扩大了影响力。

一个企业家的成功与否，与的杠杆的力量直接相关。

人多力量大

印第安人贸易集团的强大力量得到了印证：他们想出什么价，就从白人那里得到多少钱。例如，1785～1793 年，伦敦皮毛市场上的海狸皮价格一落千丈，每张皮从 20 先令跌到 10 先令，按理说白人应该跟印第安人砍价，把毛皮的收购价降下来，但是印第安人的要价还和过去一样。

“如果他们认为 3 张海狸皮就值一个斧头，那它们就得值这么多。”多伦多大学的亚伯拉罕 · 罗斯坦教授这样说。他说，35 种商品的边境价格，在 100 多年的时间里几乎保持一致，不论它们在伦敦市场上的价格波动多么巨大，那些印第安人就是不同意降价。他们使用了杠杆原理——通过特许经营方式进行集体讲价——因此有能力强制执行自己的意愿。

美国佬小贩

不过，白人也知道如何运用杠杆原理。哈得逊海湾公司、美国皮毛公司等大型联合企业曾经强行深入北美腹地，依靠他们的规模来做买卖。当白人的数量越来越多、力量越来越强的时候，他们最终将印第安人赶出了商业圈。

在这段时期，一种新型的经济模式出现了，很多白人推着小车走街串巷卖生活用品，殖民地的居民们把他们叫做“美国佬小贩”。他们兴旺了很多年，但他们没有使用杠杆原理，每个人都只顾着自己，结果就是：当批发商们开始运用杠杆，即利用新出现的铁路和运河体系直接将货物送到店主手时，“美国佬小贩”毫无招架之力。这种新体系完全忽视了“美国佬小贩”，他们也像一个物种灭绝似的从美国的版图上消失了。

直销革命

只要小贩们依据他们自己的情况来利用杠杆原理，就能卷土重来。在 19 世纪末至20世纪初，一种新式的推销员出现了。同过去的小贩一样，他也是为自己工作。不过，同那样的小贩又不一样，他卖的是一种全国知名的品牌商品。雅芳、富勒刷子（Fuller Brush）、伊莱克斯以及其他的传奇公司在这一时期纷纷涌现。他们挨家挨户地销售香水、刷子、吸尘器……他们的销售方式被叫做“直销”，因为他们将商品直接卖给消费者，而不是商店和百货公司。

对于生产商来说，直销提供了一种将产品直接摆在顾客面前的机会，而不是将其立于商店的货架之上，湮没在几百种其他商品之中。对于推销员来说，这些网络提供了批发折扣、受保护的领域以及一个大品牌的威望。当一位雅芳小姐或一位富勒刷子先生登门造访时，消费者们理所当然地认为，他们的产品是值得信赖的。

直销推销员就像从前的印第安商人一样，通过网络的方式获得杠杆。这种新型的销售方式如野火燎原般流行起来。“在1920年，至少有20万人在进行挨家挨户的销售，”加利福尼亚大学管理学教授尼科尔·伍尔西·比加尔特在她的《超凡魅力的资本主义》一书中这样写道，“这个数字比1900年翻了一番。”

时间圈套

然而，直销推销员的杠杆作用却存在一些制约。他陷入了时间圈套之中，在一天的时间里，一个人只能兜售一定量的富勒刷子或伊莱克斯吸尘器，他的收入受到了工作时间的限制。只要他肯付出体力，不断地敲门，不断地说，就能挣钱；但是，一旦他停止劳动——晚上睡觉、同家人过周末或者甚至是感冒期间的休养，他的收入就会跑掉。那些遭受伤害致残，或健康状况日益衰弱的人，就更悲哀了，他们的收入会随着工作能力的减弱而越来越少。

总而言之，早期的直销人员挣的是“直线性收入”——用时间换取收入。实际上，大多数人挣的都是这种收入。这是一种非常好的谋生手段，医生、律师和会计师靠它做得很好。但是，其中没有杠杆。不论你获得的直线性收入有多少，你都必须上班、完成体力劳动——要么是为一场官司进行辩论，要么是为病人检查身体，要么是嘎吱嘎吱地做着数据表，从而换得你所挣的每一分钱，你的收入绝不会高过某个点，因为你即使是超人每天也最多有24小时。

剩余收入

真正能提供杠杆作用的收入，是“剩余”收入。在你完成工作后很久，这笔钱还会源源不断地进账。比如畅销书作者的版税、投资者的股份红利。当你有了

> 只有依靠剩余收入，才能产生巨大的财富。

这种收入时，你可以休息一年，舒舒服服地躺在沙滩上，收入一点也不会减少。

只有依靠剩余收入，才能产生巨大的财富。不幸的是，直销在它出现的早期无法提供这种福利。从20世纪二十年代到三十年代这段时期，成千上万想要成为霍拉肖·阿尔杰（Horatio Alger）书中主人公的那些人，敲打着美国各地的房门。但是，只有那些放弃了直销、转向开创自己事业的人，才真正获得了经济上的自由。人们强烈地需要一种新式的工作，能将直销的亲和力与真正的商业所有权的剩余收入结合起来。这种需求，很快就以一种惊人的创新方式来实现了。

第三章

多层次解决方案

多数专家一致认为，卡尔·宏邦（Carl Rehnborg）是第一位成功地运用网络直销方案的企业家，其他公司以前没有认真地对待这些方法。早在20世纪二十年代，一些直销公司已经实行这个制度：销售代表每招募一位新推销员，公司就向他支付一笔一次性的中间人佣金。其他一些公司甚至允许销售人员从下级的总销售额中提取一定比例的佣金，不过有时间限制，比如在新人加入后的60天内。宏邦先生是第一个允许销售人员从下级那里提取永久性佣金的领导者，他为销售人员创造了稳定的收入流。

这种形式是在20世纪二十年代完全开始的，当时宏邦是一家海外制造商的驻中国代表。中国内战爆发了，宏邦在上海的租界困了一年，连米饭和水都严重不足，为了在这种形势下生存，他用植物、草甚至生锈的铁钉（含有人体必须的铁元素）熬汤来喝。

这种经历反倒给了他启发，回国后，他用苜蓿、欧芹、菠菜、豆瓣菜、胡萝卜和各种矿物质、维生素开发食物补充剂，到1934年，他开办了销售这些产品的公司，最初叫加利福尼亚维他命公司，后来更名为纽崔莱（Nutrilite）产品有限公司——一个注定会在企业名录中响当当的名字。

多层佣金

纽崔莱按常规的直销公司模式进行经营，也兴旺发达了许多年。但是在1945年，宏邦提出了一种新方案，用于销售人员的薪酬体制。一些记录表明，这个方案是宏邦自己研究出来的，也有人认为这是纽崔莱的分销商李·麦亭杰和威廉·

卡塞伯利的想法。不论是谁发明的，这种方式的确体现了今天的网络直销的大部分特点。

按照这种方案，任何一位纽崔莱的分销商，只要有25名稳定的零售客户，就可以招募新的销售人员，还可以从他们的销售额中提取3%的佣金。这不是一次性的中间人佣金，也不是暂时的奖励，而是一种永久性的业务安排方式，只要所招募的人仍然留在纽崔莱，佣金就不会间断。这样，普通的销售员第一次有能力拥有剩余收入，同最叫卖的作者、石油界的大亨、华尔街的投资家一样，也从他人的努力中获益。许多人在这种新的体制下取得了惊人的成功。

让你的努力翻倍

宏邦最关键的突破，是允许销售代表不仅能从自己的下级的销售额中提取佣金，而且——从下级的下级、下级的下级的下级……那里提取佣金。这种多层次的奖励方式，有着惊人的成长潜能。现在，你可以招募其他人来继续为你做**招募**工作，而不仅仅是销售。每一位经你之手新来的销售员（或者说“分销商”），现在都可以使你的招募能力翻一倍。只要简单的算术就可以看出这种翻倍的能力能够为网络直销带来多大的优势。只要你一遍一遍地用一个数字乘以相同的数量——可能是翻两倍、三倍、四倍或者更多倍，你就可以被说成是让这个数字以**几何级数**增长。这种几何级数的神奇魔法为多层次销售的领导者提供了一种契机，让他们能够以令人窒息的惊人速度发展他们的事业。

成几何级数的增长

如果有人让你在一笔10万美元的现金和一枚保证每天都翻一番、持续增长1个月的1分钱之间做出选择，你会做出什么样的反应呢？好好想一想。那些懂得算术的人会选择那1分钱，因为他们知道，经过31天的不断翻倍，这1分钱会变成2100多万美元。

$$1+(1\times2)+(1\times2\times2)+(1\times2\times2\times2)+\cdots\cdots\text{（加到第31天）}$$
$$=1+2^1+2^2+2^3+\cdots\cdots+2^{30}$$
$$=2147483647$$

这就是成几何级数的增长。多层次营销就是将同样的数学力量用来开创你的事业。

我们再来做一个假设：假如你在第 1 个月招募了 5 个人，在第 2 个月中，他们每个人又分别带来另 5 个人……这种过程不间断地持续 6 个月，你的**下级团队**（MLM 的行业术语，指你在招募工作中产生的总人数）最终将有 19530 个分销商。现在再假设你的下级团队中的每个人每个月都购买价值 100 美元的存货，你从每笔销售额中提 10% 的佣金，那么，6 个月后会怎样？你会有 195300 美元！而且，佣金的数额还会不断地按月递增。

无限的潜能

当然，这是一个相当简化、而且理想化了的例子。没有一项事业能像上了发条的装置那样精确、顺利地进行下去。在 MLM 招募的人员中，中途退出的人数比例相当高。大多数人在经历许多尝试和失败之后，才能找到 5 名能够出去再招募另外 5 个人的优秀人才。正是基于这个原因，多数网络直销人员收入不算太高。但是，对那些极少数的，有活力、远见、恒心，能不知疲倦地冲破一切障碍的人来说，多层次佣金结构是独一无二的机遇，让他们能够建立一个年复一年成几何级数增长的销售组织。许多人照着这么做都成功了。

从印第安人用一张海狸皮加入贸易团队的那天起，人们已经走了很长的一段路，多层次营销已经将杠杆原理运用到几乎登峰造极的地步。今天，那些利用 MLM 的公司，都无一例外地实现了高速增长，其增长速率是常规事业中闻所未闻的。

> 但是，对那些极少数的，有活力、远见、恒心的，能不知疲倦地冲破一切障碍的人来说，多层次佣金结构是独一无二的机遇，让他们能够建立一个年复一年成几何级数增长的销售组织。

“大多数商业新闻的编辑，当他们发现某家公司的销售额或利润在过去 1 年中‘飙升’了 20% 的时候，都会激动不已，”《网络直销生活方式》杂志的社论主任邓肯 · 安德森写道，“但是，在网络直销中，100% 的年增长率在一家成功的公司的初期扩张阶段是不足为奇的。”

即将到来的浪潮

总而言之，这是一个前所未有的机遇。在今天选择网络直销的人，都会获得独特的有利条件。他们进入这个行业的时刻，正是着手开创一个颇有威力的事业的新阶段，我已经将这个阶段命名为“第四波”，具体的理由将在接下来的章节中详细阐述。第四波标志着网络直销幼年时代的结束。MLM 再也不会被理解成一种不成熟的商业，里面满是四处兜售一夜致富诡计的阴谋家。今天，像花旗集团、MCI 和 IBM 这样的公司，都放心地通过多层次营销推广他们的服务。这种强大的商业战略已经成为21世纪经济发展的关键所在。

在之后的章节中，我们将会了解，为什么整个美国都狂热地接纳了这种新策略。我们将会明白，网络直销如何完全适应我们这个正在蓬勃发展的信息社会的需求。其中最重要的是，我们将会发现，你和你的家庭该如何去适应“第四波革命”，这种完全崭新的工作方式如何在某天为你献上打开经济自由之门的钥匙，以及，为了踏上第四波成功之路，你需要采取哪些具体的步骤。

第二部

第四波革命

WAVE4

第四章 钻石之地

第五章 四次浪潮

第六章 出门购物的终结

第七章 口头相传的因素

第八章 经销高速路

第九章 成长差距

第十章 竞争优势

第十一章 巨响

第十二章 群体的力量

第十三章 麦当劳效应

第十四章 虚拟的事业

第十五章 科技优势

第十六章 紧密连线的下级团队

第十七章 第四波是什么？

第四章

钻石之地

许多世纪以前，在波斯有一位农夫陶醉地听着一个人为他编故事。这个故事是关于一种名叫“钻石”的东西。这个人说，钻石是“一滴凝结的阳光”，是一种非常珍贵的宝石，凡是发现这种宝石矿的人，都会比任何一位国王还富有。农夫以前从未听说过钻石，但是，既然现在听说了，他的内心自然充满了欲望，他希望自己的双手能放在这样的一座宝藏上。

他拥有许多田地和果园，他是一个非常富有的人，但是，自从他听说了有关钻石的事情，就觉得自己简直像一个乞丐。他一生中唯一垂涎的是这种东西，但他无法拥有。一想到那些钻石躺在世界的某个角落，不为人知，他就彻夜难眠。终于有一天，他卖掉了自己的土地，踏上了寻宝之路。他踏遍了非洲、巴勒斯坦和欧洲，最后来到西班牙，这时他已是一个衣衫褴褛的老乞丐。他不堪失落，跳海自杀了。在整个旅途中，他连一枚钻石都没见过，一次都没有，甚至连瞟一眼的机会都没有。

与此同时在波斯，那个买下他土地的人却有了惊人的发现。这个人发现一块黑色的石头中镶嵌着一枚钻石。更深入的探查揭示了一个更大的发现，原来，在这片地产之下，埋藏着大片大片的钻石。最终，那个不起眼的农场成了人尽皆知的戈尔康达钻石矿，这是迄今所发现的最富有的钻石矿。如果那个贪婪的农夫心满意足地呆在家里，该有多好啊！他所渴望的财富就会成为他自己的囊中之物。

隐藏的宝藏

这个故事最早是由拉塞尔·赫尔曼·康威尔博士讲述并传播的，他是一位牧

> ……你在哪儿同你是谁相比，区别并不大……如果你不能在费城变得很富有，那么你在纽约也一定无法做到。

师，一名教育家，内战的英雄，也是美国最具鼓舞性的演讲家之一。直到他去世的1925年，康威尔都在漫游全国，启发听众们睁开他们的双眼，去发现就摆在他们面前的机遇。康威尔倡导大家不要涌向大城市，而应该呆在自己的家乡，好好利用自己发现的事物。康威尔的这篇“钻石之地”的演讲作了大约6000次，这使他成为那个年代最受爱戴、也最广受欢迎的讲演者。

“我告诉你，在费城，就是你现在住的地方，有大片的钻石……”康威尔曾经对一位在费城的听众这样说，“在107位身价1000万美元的富翁中（1889年），就有67位是在居民人数不足3500的小镇上发家的……你在哪儿同你是谁相比，区别并不大……如果你不能在费城变得很富有，那么你在纽约也一定无法做到。”

康威尔认为，成功的潜能存在于我们每个人自身，并不依赖我们周围的环境或氛围。在康威尔去世后的75年里，我们这个蓬勃发展的信息社会印证了他的话。就在我们自己的后院，在我们自家的办公室里，在我们的个人电脑上，就能发现最佳机遇，其数量多得超过以往任何时候。但是，从大多数人的态度中，我们很难明白这一点。我们当中有太多的人都以一种不断加剧的恐惧之心来看待失业。在我们眼中，未来就是一片高科技的荒地，只有那些受过高等教育的精英们才能找到工作。然而，事实恰恰相反，对那些理解康威尔教导的人来说，第四波革命就能带来寓言中的钻石，它们就埋在我们的鼻子底下。

认为自己贫穷

丽莎·威尔伯经历了一段艰苦的过程，才领悟到康威尔的教导。我们上次见到丽莎时，她正在自己的活动房里哭泣，刚刚将手中的最后46美元给了电工。自怜自哀是她经常的伴侣。同那个农夫一样，丽莎也把自己想象成一个穷人。她的父亲是一个看门人，她的母亲是一个秘书，他们都是辛勤工作的人，总能设法将食物端上桌来，在孩子们的头顶搭起一片屋檐。但是，丽莎所渴望的魔力和激情无法在父母的房屋中找到。

杂志和电视只能让丽莎更加自卑。她恨不得把自己粘在电视上，像着了魔似的紧盯着有关发家致富的电视剧。她几小时几小时地研究父母家茶几上摆着的有关肯尼迪家族的图画书——那里面有精美的豪宅、小汽车、游艇、阳光般的面容、幸福快乐的小孩，以及在海恩尼斯湾（Hyannisport）懒散的下午……这一切同她现在单调的马萨诸塞州农村生活相比，是多么的不同啊！

“在这之外的某个地方，是一片更广阔的天地，”丽莎对她自己说，“是一个充满金钱和机遇的世界。”她发誓有朝一日一定要拥有那份激情。但是，此时此刻，生活只是一团麻，永远都充斥着家务杂事和学校布置的作业。唯一的机会似乎总在那些少有且特殊的场合下出现，那时，门铃响了，是找丽莎母亲的，门廊处传来的一阵熟悉的声音宣告雅芳小姐的到来。

财富之梦

“从小，我就想成为一名雅芳小姐。”丽莎说。

就像丽莎所羡慕的那些剧中人物一样，雅芳小姐在金钱和商业的世界中看上去是那么轻松自如。她穿着一身职业装，赫然出现在丽莎眼前，打开样品盒，直奔主题。“她并不是来闲聊的，”丽莎回忆说，“她是来完成她的工作。她是一位女商人，非常职业。就冲这一点，我非常仰慕她。”

丽莎渴望自己也能带着同样的轻松和自信，在商业世界中航行。对她而言，雅芳产品所代表的完全是一个仙女救星，是一股能将她送到更好的世界的神秘力量。丽莎非常喜爱这些产品。她的第一支口红就是雅芳产品。她也知道，雅芳是一家拥有数十亿美元资产的公司，其历史可追溯到1886年。它的蓝筹荣誉所涉及的就是金钱、权力和地位——这三样都是丽莎梦寐以求的。“如果我能成为一位雅芳小姐该多好啊。”丽莎想。

精神障碍

丽莎的商业直觉也是值得一提的。雅芳产品公司的确代表着未来，尽管有个不争的事实，即它是美国最古老的公司之一。这股由雅芳作为开路先锋所带动起来的直销运动可以追溯到1886年，而现在，它只是刚刚开始实现潜能。经济革命已是蓄势待发，而丽莎则注定要在这场巨变中起到重要的作用。

但是首先，她必须克服一个精神障碍。她必须汲取“钻石之地”的教训。如同那个农夫，她从未对身边的机遇满意过，那种好动不安的情绪使她永远在四处徘徊，寻觅更轻松、更完美、更快捷的事物，因此，她未能做好准备在她的雅芳事业中获得成功。

丽莎18岁时加入雅芳。然而，同她尝试过的许多事情一样，那股新鲜劲很快就过去了。销售雅芳产品似乎不能为她带来梦想中的那么多钱。一年一年过去了，她利用兼职的时间来经营这项事业，但她从未投入全部的精力，每个月挣的钱从未超过1000美元。她的大部分时间和精力都被用来寻找其他的生存方式了。

俗套的道路

对寓言中的金罐的追求，将丽莎带向一无所获的道路。当她确信成功需要科技知识时，便去上学，用两年时间完成了管理和数据处理两门学业。当她确信按小时计酬是最可靠的收入方式时，便甘愿做任何杂活，从清洁工到餐厅服务员，她都做。当事情不如意时，她用旅行来逃避，从密西西比、南卡罗来纳到关岛，她漂洋过海，满世界乱转。

经过这所有的变化，丽莎的雅芳业务最终萎缩了。她那累人的日程安排几乎没有给销售产品留下什么时间，而且那些频繁的旅行也很难让她留住客户。她从来都不乏雄心壮志，面对挑战也从不退缩，但她的精力太分散了。就像故事里那个老农夫一样，她不管走到哪儿，遇到的都是挣扎和艰辛。

最低谷

丽莎小时候生活在马萨诸塞州，那时她经常感到自己很穷，她头脑中贫穷的概念，不外乎是自己的衣服比夏令营中其他孩子的要便宜。直到她离开家乡，才真正明白什么叫一文不名。在南卡罗来纳州的查尔斯顿市，她没钱交电费，连续3个月生活在没有电灯、没有热水的境地。她永远都筋疲力尽，她的工作、她的课程、雅芳的业务，把她整天忙得马不停蹄。一天晚上，她在一家小超市工作到很晚，在收银机上睡着了。那片地区的治安很差，所以警察们持枪包围了这个商店，他们以为丽莎被枪杀了。

“没有哪一天我不对自己说：‘我再也无法忍受下去了。’”丽莎回忆道，“很幸运，我还没有违背自己的原则。我不得不做一些非常讨厌的工作，但至少，我从没有被迫做违法的事。”

单调的踩水车

丽莎处于半失业状态。不论她多么努力地工作，都无法挣到足够的钱。半失业以极快的速度在整个社会蔓延开来，越来越多的人试图同时做好几份兼职的工作来弥补他们失去的收入。但是，他们很快发现自己踏上了单调的踩水车，这种马不停蹄的工作徒然耗费时间和精力，什么回报也没有。这是因为，他们都在为直线性工资而工作，没有成长的机会。大多数半失业的人只是梦想再次找到一份稳定的工作，有正常的工作时间、一份像样的收入和不错的福利待遇。

不幸的是，随着21世纪的不断发展，要想找到稳定的工作会变得越来越难。

在以后的日子里，寻求常规就业模式的想法将会像在拉塞尔·康威尔那个年代找到金矿一样不切实际。康威尔号召他同时代的人忘掉打通主矿脉的想法，从事更切合实际的职业。在不久的将来，新一代的康威尔们将会出现，他们会对信息时代找工作的人给出同样的忠告：放弃“找到一份好工作”的不切实际、有勇无谋的想法，别再把宝贵的时间浪费在履历表和面试上，应该忙着完成更加现实的任务——建立一份自立的、持续不断的收入。

绝境

同大多数半失业的人一样，丽莎只是梦想找到一份好工作。最后，她总算找到了。回新英格兰后，她在新罕布什尔的一家电脑公司谋到了一份秘书的工作，公司离她从小生活的地方只有一两个小时的车程。这份新工作的薪水对她来说真是难以置信：20000 美元。两年之后，她结婚了，她的运气似乎好起来了。

但是，她的幸福建立在摇摇欲坠的基础之上。在婚礼之后的第二个星期，没有任何征兆，公司突然通知她：她以及她所在的整个部门都被解雇了。

“回家的时候，我哭了一路，”她回忆道，“我们部门的每个人都在哭泣。我真的爱上了这份工作，连看牙医的费用它都给报。我不知道此时此刻应该做什么。”

丽莎的丈夫以伐木为生，挣的钱几乎不够活下去。在20 世纪八十年代晚期，新英格兰的工作机会少得可怜，关于经济低潮和萧条的报道充斥着报纸和电视。经过那么多年的勉强度日和忍饥挨饿，丽莎无法相信她又一次变得身无分文。她回家以后彻底垮掉了，她在活动房的地板上号啕痛哭，来回打滚，而那一头雾水的新郎就站在她面前。“我差不多是痉挛发作了，”丽莎承认，“我并不引以为荣，但那的确是事实。”

因祸得福

像以往一样，她看到的只是中间那个洞，而不是整个炸面包圈。她看到的是贫穷、萧条、未付的账单、邋遢的活动房停车场，以及一个半失业的丈夫。她回顾着自己的旅行，就像故事里那个农夫一样，她得出了结论：一切都是徒劳的。她漂泊到地球的尽头，又回来了，似乎每一条路都探索过了，上帝似乎在阻止她的每一次行动。那天，丽莎在地板上滚来滚去，握紧拳头，双脚乱蹬，哭得好像生命都走到了尽头。但事实上，对她来说，生命才刚刚开始。她还没有意识到这一点——“钻石之地”已经近在咫尺了，她要做的只是睁开双眼去发现。

第五章

四次浪潮

古老的西部为开路先锋提供了令人难以置信的好机遇，大片大片的土地只需花很少的钱，或者甚至一分钱不用，就可以得到。在电脑新领域，有一种不同的、但是在价值上也毫不逊色的资源，也可以被利用——通往剩余收入的、不受限制的道路。这便是等待丽莎·威尔伯去发现的资源，数量充足得都数不清。

丽莎有两点比较幸运。第一，在一个万事俱备的机遇中，她已经登记在册，那就是雅芳产品公司，它注定要在第四波革命中取得绝对领先的地位。第二，她失业的时刻恰好就是这场革命正待起步之际。命运对丽莎非常仁慈。当丽莎对网络直销的势头有所察觉的时候，它已经用了50多年的时间来积蓄力量。但是，直到现在，这个行业才正在向顶点挺进。MLM进化的四次浪潮可以按照以下的时间段来划分：

第一波（1945年-1979年）——地下阶段
第二波（1980年-1989年）——激增阶段
第三波（1990年-1999年）——大众市场阶段
第四波（2000年以后）——全球阶段

骗子和预言家

“第一波”开始于1945年，那时纽崔莱引入了它的第一个网络直销方案。这是这个行业的拓荒阶段，整个范围内没有法律，没有秩序，骗子们同真正的预言家一同茁壮成长。各家公司都漫不经心地任意发展，一些是诚实经营，另一些则不是。与此同时，政府的监管人士也同样漫不经心地盯着 MLM 公司，一边执行规则，一边修补。第一波的混沌状态终于在 1979 年走到了尽头。经过长期严格的调查，联邦贸易委员会最后裁定：安利公司——其实也就意味着普通的网络直销——属于合法经营，其他公司的金字塔计划都是非法的。

受到这种更加友好的法律氛围的鼓舞，这个行业步入了我所说的“第二波”。计算机科技的突飞猛进使得企业家们可以从自己的电脑上创办并经营网络直销公司。20 世纪八十年代见证了这个行业的创业人数以前所未有的速度激增。

发育期痛

但是，在 20 世纪八十年代，正当网络直销处于激增繁殖的阶段，它仍然要遭受发育期痛的折磨。MLM 的招募人员以拥有无限机遇的承诺来引诱新的潜在人选。但是，很少有人能够付出足够的时间、金钱或努力来经营这项事业。一个普通的、以兼职方式经营这项事业的人，经常会遇到挫折而退出，因为他花钱买的那些货，自己根本就不知道该怎么卖。那些在 MLM 中发大财的人，往往是超级销售员、天才的企业家，以及受到高度鼓舞、鞭策的有志之士。

以前担任过 IBM 销售员的唐·赫尔德，就亲身经历了第一波和第二波的网络直销的严酷现实。唐在 1969 年开始他的安利事业，历经千辛万苦建立了下级团队。他不仅要招募、培训新的分销商，而且每个月还要手写他们的佣金支票。那座 900 平方英尺的房屋是他、他的妻子和 6 个孩子共享的，后来变成了一个仓库。来自他下级团队的每一批订单，都必须依靠人工完成，靠双手处理、包装和发货。每当夏季到来，孩子们放假了，一大家子人就挤在一个 32 英尺长的旅行房车里，像吉普赛人一样周游全国，一路走一路发展业务。“那个时候的网络直销，简陋得就像一个光秃秃的模特 T 型台，”唐回忆说，“今天大多数人恐怕都不会去做我们过去做的事情。”

对唐来说，这个事业成功了。他很幸运，拥有内在的干劲和坚持不懈的精神，而这正是排除万难、获得成功所必需的。唐利用兼职时间经营了这项事业两年之后，每年能从安利挣到 6 万美元的收入，这可是他过去在 IBM 的工资的两倍。他可以不受任何拘束地辞去这个工作。他在 5 年之内成为了一个百万富翁。

现在，唐放慢了生活的脚步。他花在工作上的时间少得多，花在游玩上的时间却多得多。他要是没有驾驶自己那艘 32 英尺长的垂钓艇在佛罗里达南部钓枪鱼和旗鱼的话，那就是在加拿大的丛林里追捕驼鹿，或者去看他的孩子和孙子们了。他将自己的时间平均分配在 4 座不同的房子上——很快就有第 5 座了，就是大雾山（Smoky Mountains）的小木屋。唐为自己应得的一切付出了 30 年的努力，现在是他坐享其成的时候了。每年，他自己的安利下级团队都要创造数万美元的剩余收入。但是，唐也经常想这个问题，如果他是在今天这个时代开始创业的，那么，他实现梦想的时间该快多少啊。“对于现在的那些人而言，这完全要轻松得多。”他认真地说。

自动化下级团队

安利同其他的网络营销公司一样，是在20世纪九十年代彻底变革经营方式的。现在，客户通过800免费电话定购产品，然后直接收到来自公司的发货。分销商要做的只是收集他的佣金支票，而这也是每个月由公司的电脑发出的。探寻新人的录像带、录音带、电话会议、以及卫星电视转播，已经使招募新人的程序大部分自动化了。专用语音邮件系统已经使下级团队内部的交流变得更简单、高效。自动传真服务装置也免去了上级领导者必须重复回答问题的麻烦。当经验更加丰富的负责人与新的潜在人选进行通话交流时，三方通话电话装置可以让刚加入团队的新手边听边学。酬劳体制也被设计得更容易了，流向分销商的佣金更多了，而所做的工作更少了。

“等量的工作在今天要值更多的钱。”唐说。他举了自己下级团队中的一对夫妻作例子，乔和桃瑞丝·肖，他们两个人在经营这项事业后仅仅一年就成了“钻石级”——安利中最高的成就等级之一。“我这个组织中有一些人，他们在第二年做的事情相当于我过去在第10年做的。”

“第三波”时代开始了。

大众市场MLM

“第三波”的改革创新，使MLM第一次可以完全接近广大群众，既在时间上也在金钱上降低了经营多层次营销业的成本。结果，数以百万的人蜂拥到这个行业中——都是那些在过去绝对不会考虑这件事情的人。当然，“第三波革命”不会确保每个经销商都能得到几百万的剩余收入，没有任何一项事业可以做到这一点，但是，对那些利用兼职经营这项事业的大多数MLM经销商来说，这些创新让他们每个月额外挣几百美元变得更容易了，他们正好需要这么多零花钱。对大多数人而言，这个理由足够说服他们去做这项事业。

> 在未来的岁月里，20世纪九十年代将会被人们铭记，这是网络直销成长为严肃行业的10年。

成长的10年期

在未来的岁月里，20世纪九十年代将会被人们铭记，这是网络直销成长为严肃行业的10年。1995年6月23日，刊登在《华尔街日报》上的一篇报道说，美国网络直销人的总数从1990年到1994年增长了34%。这篇报道还说，仅从1993年到1994年期间，全职经销商的人数就翻了一倍。

正是在20世纪九十年代，网络直销第一次漫出了美国的国界，这个大军浩浩荡荡向国外扩张。许多大型的MLM公司在中国、韩国和日本的成长速度超过了在美国本土。在九十年代中期，海外发展达到了极度狂热的程度，以至于一时间，MLM领域超过了美国其他经济部门加起来的总和。1995年，一种用来加权衡量公开交易的MLM股票的“上级指数”竟然胜出了道琼斯工业指数和标准普尔500指数近80%。

下一波

这些发展并没有逃过财富500强的眼睛。在20世纪九十年代这整个10年中，全美国都在认真关注这场正在显著发展的革命。但是，出于大官僚机构所惯有的小心谨慎，大多数蓝筹公司都犹豫不决，没有直接涉足这个领域。网络直销以上百亿美元的总销售额仍然处在全世界的底层。

但是，随着2000年的到来，一切都改变了。20世纪九十年代末见证了网络直销概念的大转变。突然之间，一家家大公司争相步入MLM的网络世界。华尔街分析家们在他们的报告中对多层次营销赞不绝口。蓝筹公司大量组建MLM分支机构，并且与现有的MLM公司达成战略联盟。利用网络直销这个奇迹来赚钱的竞赛也开始了。

是什么导致了这种突然的转变呢？如同所有意义深刻的改革创新一样，整个美国并非是自愿地接纳网络直销。事实上，财富500强的CEO们一直都在尽量抵制它。但是，时间的证明没有站在他们那边。常规的广告和市场营销战略不再行之有效。在互动媒体、有前摄心理影响的顾客以及全球竞争的这场残忍的厮杀中，市场份额正被逐渐蒸发。如同许许多多、数以百万的MLM分销商一样，那些企业的CEO们也是在彻底失望、万般无奈的情况下开始尝试网络直销。不过，一旦他们品尝到它结出的果实，他们发现自己再也无法抵制想要更多尝试的想法。于是，第四波，也是网络直销进化中最强有力的阶段开始了——征服全美国。

第六章

出门购物的终结

1999年春天，一家名叫A11Advantage.com的公司出现在互联网上。它是一种与众不同的MLM机遇。它并不是要你销售产品，而仅仅建议你在网络浏览器上安装一个名叫“浏览条”的东西，那么只要你上网，屏幕底端就会显示各种广告信息，每上网1个小时，A11Advantage.com公司会付给你50美分，而你每说服一个新人安装这种浏览条，每小时还会得到额外的钱，这种模式可向下延伸五级。

“上网冲浪还有报酬！”该公司的主页就是这么说的。不过，你之所以得到报酬，是因为你同意A11Advantage.com公司在你的电脑上销售广告空间。这就好比福克斯电视网（Fox Network）突然提出每小时付给你50美分，只要你收看《甜心俏佳人》（A11y McBeal）或者《X档案》并且接受每隔几分钟插播的广告。

我们距离麦迪逊大街（译者注：美国广告业中心）的黄金时代已经太远了！在一代人之前，还是广告商当家。束手无策的观众只能无助地坐在那里，面对连珠炮似的电视广告图像。广告代理商可以随心所欲地将他们的信息直接灌入消费者的头脑中。但是现在，当家作主的人彻底变了。现在是消费者在掌控信息流，而广告商们不得不使出浑身解术，采取比以往任何时候都要拼命的办法来吸引消费者。现在，每个人平均每天都要接触到145条商业广告信息——比1960年增加了36%。但是，广告商能够产生影响效果的几率却一落千丈。今天的消费者都被武装了遥控器，可以从一个有线台飞快地转到下一台，轻松绕过所有的广告。随着媒体出路的数量不断激增——从有线电视到互联网——广告信息被遗失在不断扩大的信息流中。

堡垒心理

不停地按遥控器转换电视频道，只是当今人们保护自己不受广告打扰的许多方式之一。得给广告商们敲个警钟了，现在，越来越多的人对任何形式的心理侵入都采取了堡垒心理。他们为没有商业广告的有线电视台额外支付一笔收看费。他们拒绝免费试用，唯恐这些商品慢慢地上了他们的购物单。在租回家的录像片中，每当遇到广告宣传和新片预告，他们就快进。对于那些广告性质的电子邮件，他们看都不看就直接删除。他们会在自己的电话应答机上筛出不想接听的电话。

这些只是作茧保护趋势的一部分。早在10多年前，市场营销顾问菲斯·鲍普康恩就这样预测：美国人正撤退到茧中隐蔽起来，因为他们受不了信息时代这种癫狂的步伐和社会的混乱状态，他们想寻求一个安静、私密的隐蔽之处，不必看、听、感觉，或者做任何非自愿的事情。“作茧保护就是绝缘和回避，”她在《鲍普康恩报告》中写道，“就是安宁和保护，就是舒适惬意，就是——支配一个超级安乐窝。”

枪支和玫瑰

由于害怕入室盗窃、恐怖主义、连环强奸犯、致命的电脑病毒、环境污染、交通拥堵以及媒体过载，作茧保护的人用许许多多方式来寻求安宁。一些人强调对温暖而舒适的家庭生活进行实体保护。“期待‘妄想’产业的突飞猛进，”鲍普康恩说，“那些可以与私人警卫和紧急救助相连接的家庭安全系统、反偷窃装置和电脑监视器系统。”鲍普康恩指出，女性购枪数量的激增就是最典型的作茧保护趋势。鲍普康恩在她最近出版的那本与利斯·马里歌德合著的畅销书《点击》(Clicking)中写道：“现在，有将近400万的美国人住在带大门的社区里——每周都有更长、更厚、更高的院墙正在不断地修建。”

作茧保护的人也使用更精明巧妙的手段来控制、改善自己的环境。一些人为住宅配备了“智能”科技，以便通过预设的程序或遥控来开门、调节自动调温装置、开启电灯和电器。另一些人将浴室装备得像个“真正的矿泉浴场”，设备一应俱全，有桑拿、水涡和加热的毛巾架。还有一些人将他们的精力投入到一些传统的方式上，来装饰他们的超级安乐窝，例如缝纫、园艺等等。“古典织物总能让我们想起安逸得多的过去，它们的价值已经飞涨许多……”鲍普康恩和马里歌德在《点击》中写道，“我们正在将不少的一笔钱财（每年250多亿美元）花在华而不实的阳台、紫藤架、为鲜绿无比的草地配备的地下自动洒水系统上，以及其他的园艺工具上。”

购物恐惧症

作茧保护的人将所有的努力都倾注到修建安全、可靠、舒适的超级安乐窝上，他们不愿意离开安乐窝去冒险，这是可以理解的。“他们离开家门时，也要带上这个‘茧’。”鲍普康恩和马里歌德写道。汽车因此配备了咖啡杯支架、传真机、电话、按摩垫和六碟播放机，公司里的办公室也配上了餐厅、休息处和用电讯设备传送的格列高利圣咏，Barns 书店和大型超级市场允许顾客一边在休息室的座椅上品味卡普齐诺咖啡，一边悠闲地翻书。

尽管有这些引诱因素，但是，真正的作茧保护人还是知道，没有一个地方能像家一样，而这对于零售商来说是个坏消息。“这是出门购物的终结，”鲍普康恩评述道，“带着孩子逛商场太难了，周围的环境太冷漠了。”它甚至有可能是危险的环境，当然这要看你住在什么地方。鲍普康恩和马里歌德特别指出：“一次近期的调查表明，33% 的消费者出于对犯罪行为的恐惧而改变了购物习惯，在这些人当中，又有 43% 的人在天黑后绝不出门购物。”

“商店将向我们走来”

21 世纪将见证购物习惯的巨变。鲍普康恩预言道：“不再是出门去商店，而是商店向我们走来。”消费者已经朝那个方向迈出了巨大的步伐，已经有数十亿美元从传统的零售业转向了目录销售、电视购物和互联网上的虚拟商店。网络直销商在这场购物革命中起到的作用不断加强。

> 网络直销商在这场购物革命中起到的作用不断加强。

“未来，我们对网络直销的看法就如同我们今天看待普通的营销一样，”鲍普康恩说，“这项事物马上就会显现出许多可敬之处。”鲍普康恩已经在她的咨询顾问工作实践中注意到这个趋势，她在纽约营销公司智库（New York-based Brain-Reserve）工作，服务的对象包括诸如 IBM、金宝汤（Campbell Soup）、美国运通公司（American Express）以及伊斯曼柯达公司这样的顶级客户。鲍普康恩说，几年前智库的客户对她提出的为信息时代做好准备的急迫警告，都无一例外地不加理会，她曾经对他们说，这其中有两个关键方面，就是来自互联网和 MLM 的竞争。“他们都说：‘哦，我们不担心互联网。我们不担心网络直销。’”

此后，两年之内，网上销售的交易额增长了一倍多，从 30 亿美元一跃而成为70亿美元。鲍普康恩的客户很快就清醒过来了。“现在，当我们做前景分析时，也就是向客户指出10年后谁可能会是最令他们不安的竞争者时，我们经常将矛头指向网络直销商。”现在，鲍普康恩的客户比以前更愿意留心她的警告。她看到，各种企业都对MLM的力量有越来越强的认识。“他们都说，好吧，我最好关注这个巨大的、正在逐渐显现的市场。”

神奇的子弹

在第一批被网络直销商打得头破血流的公司巨人中，AT&T就是其中的一个。在自1987年以来的5年中，AT&T将它15%的长途电话市场份额输给了MCI和斯普林特（Sprint）（那时候叫做US Sprint）。如果只看主流商业新闻，你永远都不可能知道，这两个暴发户都有一个秘密优势，一发真正的神奇子弹，使它们成长得更快、更有力地渗入市场，超过那些动作迟缓的竞争者。这神奇的子弹就是——网络直销。

MCI通过安利公司销售它的长途电话服务。“我们在加入MCI业务的第一年，就占据了他们25%的业务量，”安利分销商唐·赫尔德回忆道。斯普林特也通过一家名叫“网络2000”的MLM公司销售他们的服务，也同样获得了成功。网络2000的前任市场营销执行副总裁吉姆·亚当斯说：“自1988年3月份开始，在接下来的3年半中，我们为斯普林特争取到了超过400万的客户——也就是5亿美元的年收入流。网络2000的独立市场销售代表在争取客户方面的工作效率，比斯普林特自己的电话营销团队要高出10倍。”

直到今天，MCI仍通过安利销售。至于斯普林特，在账单和佣金方面的纠纷最终导致他们与MLM卖主的分离（最终的清算结果是利于网络2000的9100万美元）。不管怎么说，这种联盟在它的存续期间无疑对斯普林特的成功起到了至关重要的作用。我在1990年为《成功》杂志采访了斯普林特的执行人威廉·普里凯蒂斯（William Plikaitis）。作为US Sprint客户服务部的经理，普里凯蒂斯对MLM体制负有监督职责。他热情洋溢地称赞了网络2000公司以及整个网络营销。“今天，再也没有比这更好的方式能将你的产品直接摆在消费者面前了。”普里凯蒂斯对我说。

口头相传

经过了艰苦的历程，AT&T才明白网络直销是一个可怕的竞争者。但是，对那些具有创新精神的执行人来说，它也提供了机遇。MLM为整个美国所面临的一个最棘手的问题提供了解决方案。“如果说有一节非常急迫的商业课程需要市场营销人去学习，”菲斯·鲍普康恩告诫道，“那就是找到新的方法来接近进行超级自我保护的消费者……不要期望消费者还会向你走来，你必须自己打开蚕茧找到他们。”

在这方面，没有一种市场营销手段能胜过MLM。作茧作得最厚的消费者，也时不时要听朋友、亲戚、同伴或同事推荐某种商品，比如特别的食物营养补充剂、投资计划、互联网服务提供商。如果处理得当，这种推销方式不会让人感到怀疑惊讶，也不会激起强烈的反对。口头相传的市场营销模式，将以其炮弹般的穿透力击破最厚重的心理防线。

“没有人再想走进商店了，而网络直销却有解决方案，”鲍普康恩总结道，“网络直销人正在走进蚕茧，他们知道该如何侵入他人的住宅而不被当成侵略者。

第七章

口头相传的因素

对于保罗·赞恩·皮尔兹来说，作茧保护绝不仅仅是停留在书本中的一个概念。它是一股自然的摧毁力量，几乎将他的事业彻底击垮。正如今天许多企业家和公司执行人一样，保罗就通过网络直销挽救了他的事业。采取这种方式之后，他不仅将公司带上了复苏之路，而且迎来了无与伦比的成长势头。

保罗可不是一个普通的商人，他是一个受人尊敬、才华横溢的经济学家。在23岁时就成了花旗银行最年轻的副总裁。他还担任过里根和布什总统的经济顾问。他曾经警告国会，2000亿美元的储蓄贷款危机即将来临，几年之后，政府才愿意听取这个警告。尽管身为经济学教授，保罗却摒弃了学究的态度，开始在市场中检验他的理论。他通过开发房地产积聚了一笔数千万美元的个人财产，还撰写了一些经济学方面的出色的畅销书，例如《无穷财富》、《别人的金钱》和《上帝想让你变富》。

新生代

至少从表面上来看，保罗最不像是能皈依MLM的人。在大众的意识里，这个行业一直都是和蓝领的空想家、商业信息垃圾、身着休闲装的小商贩们联系在一起，这些人都想一夜致富。但是，到保罗步入这个行业的时候，这种陈规老套的想法已经过时了。这种新生的网络人是经验丰富、受过高等教育的专业人士，在电脑新领域搜寻有利可图的定位。保罗极度精确地符合这个形象。

保罗迈向成功的那段漫长、曲折的道路开始于1989年，那一年，他制造出了自己的第一张只读光盘存储器（CD-ROM）——一个从录像带转过来的、鼓舞人

> 这种新生的网络人是经验丰富、受过高等教育的专业人士，在电脑新领域搜寻有利可图的定位。

心的节目，在这个节目中，保罗同颇受欢迎的激励演讲家安东尼·罗宾斯交换了经济观点。这张《强人对话》的光盘大获成功，给保罗带来了一个启示——为何不用这种新式的媒介来教育孩子呢？他感到，孩子们通常在玩电视游戏时都聚精会神，而一旦上代数课，情况就变了，如果这些课程通过令人兴奋的、互动的图形变得生动活泼，该有多好啊！保罗的先见之明大大领先于时代的潮流。潜在的市场是巨大的。但是，保罗的策略缺乏至关重要的一个组成部分，而这几乎让他付出了一切作为代价。

问题

保罗还没有想出如何渗透蚕茧的方法。然而，没有这种策略，他的事业注定是要毁灭的。保罗要花上数年时间来尝试通过常规的渠道销售他的教育光盘，例如直接邮寄广告、零售商店和学校。他那家总部位于达拉斯的公司——赞恩出版公司——将2500万美元投到了市场上。但是，每种销售渠道都亏损了。为了完成一笔交易，保罗不得不克服三个，而不是一个心理障碍。首先，大部分家长感觉不到自己有必要介入孩子的功课，他们觉得那是学校的工作。其次，家长们不理解为什么要浪费一笔钱来尝试这种新奇的媒介。最后，在做出购买决定所需要的短短的几秒钟内，他们没有办法识别保罗的光盘比竞争者好在哪里。他们将自己紧紧地裹在蚕茧中，对保罗的广告传单和店内展示根本就不予理会。在这样一个已经过度充满广告媒体的世界里，这种劝诱被人们看成心理侵略。

人对人

这个问题的解决方案已经有了，只是保罗还一无所知。其实，他需要的只是针对个人的一种销售方法。他需要的销售人员是这样的：能够直接出现在消费者面前，吸引他们的注意力，得到他们的信任，还能非常详细地解释这种科技的利益所在。总而言之，他需要口头相传的市场营销。

关于口头相传，主流的商业世界没有提供任何销售策略。传统营销人员把口头相传当成广告做得好的**结果**，而不是广告的**策略**。他们认为，做得好的广告就会带来人们叽叽喳喳的议论声。但是，这种议论，基于它的本性，被认为是像天气一样不可预知的、无法控制的。

另一方面，网络直销人将口头相传看作一门科学。他们知道，通过努力工作，并运用某些著名的原理，可以一次次地产生口头相传的议论，而且还会带来可靠的、通常也是有利的结果。事实上，这恰恰就是网络直销人为了生计所做的事情。保罗甚至还需要好几年才能意识到网络营销的存在。可是一旦他意识到，他很快就成为这个行业中最积极的倡导者。

销售新领域

保罗是通过一次奇妙的意外事件才得知这个行业的。1991 年的一天，一位名叫唐·赫尔德的安利经销商听到了保罗《强人对话》的录音带，录音带说，20 世纪九十年代的大钱不会在制作更好的捕鼠器的过程中找到，而是在寻找更好的、销售这些捕鼠器的方法的过程中。在这盘录音带中，保罗举了一个令人难忘的例子来证明他的观点。他回忆了电影《毕业生》中一个非常著名的场景，在这场戏中，一个好心的商人给本（由达斯汀·霍夫曼 Dustin Hoffman 饰演）提了一条职业建议，其中只包含一个词：“塑料。”回到 20 世纪六十年代，这的确是一个好建议。在那个年代，最挣钱的地方就是降低生产成本，比如用塑料而不是金属来制造物品。但是，到了 1991 年，这个机遇大量地消失了。

保罗解释说，发达的科学技术已经使一件物品的生产成本降低到一个典型的比例：不超过零售价的 20%。这给进一步降低生产成本没有留下什么空间。另一方面，销售成本现在却占到一个庞大的比例：物品价格的 80%。这部分成本的降低还有许多空间。保罗解释说，正是基于这个原因，现在最大的机遇在找到更便宜的**分销**产品的方式。

与 MLM 的联系

那时保罗并不知道，降低销售成本的最好方式就是网络直销。同常规的销售力量不同，MLM 经销商除了佣金什么报酬都得不到。那种口头相传的广告方式可以渗入市场，比传统的、需要耗费数百万美元的广告运动更有效，而且，消耗生产商的成本几乎是零。尽管保罗身兼众多头衔，例如作者、总统顾问、经济学教授和企业家，但他并不知道这些基本的事实。的确，他从来没有听说过网络直销。但是，唐·赫尔德在听了这盘《强人对话》的录音带后，抓住了两者之间的联系。

“他是在说，现在挣大钱的就是分销，”唐回忆说，“当我听到那里时，我说：‘上帝啊，那就是我现在所处的位置！’”唐探听到了这位著名经济学家的消息，然后聘请他在一次即将到来的安利大会上做演讲。

美国方式

当然，保罗·赞恩·皮尔兹在这之前从未听说过安利。但是，从1959年以来，这个公司已经在幕后悄悄地大肆改革美国商业。那一年，来自密歇根州大瀑布城的两个儿时好友——理查 ·狄维士（Rich DeVos）和杰·温安洛（Jay Van Andel），突然离开了纽崔莱产品有限公司。这对伙伴已经通过为卡尔·宏邦原来的MLM公司销售维生素和矿物质营养补充剂发了大财。但是，狄维士和温安洛认为他们如果自己做，还能做得更好。他们使用了一种宏邦的MLM酬劳规划的改进版本，组建了一个新实体，他们将其叫做安利公司。

由于有二战期间在空军服役的经历，狄维士和温安洛都有相当深厚的爱国之心。他们还是虔诚的基督徒，是由严格的新教培养出来的，而这是从他们荷兰移民的祖先那里传承下来的。从一开始，这对伙伴就打算让安利集中体现美国传统的美德。这个公司的名称就是“美国方式”（American Way）的缩写。直到今天，在安利每次布道会式的销售集会上，开始和结束时都要唱《神佑美国》和《星条旗》，同时，在一个巨型电视显示屏幕上还伴有舞动的星条光荣美国国旗。它的经销商力量大部分是由虔诚的教徒组成的。在安利的世界观里，上帝、祖国和网络营销找到了一个完美的结合。

步入未知

安利的法则已经由事实证明取得了非凡的成功。一个不起眼的小企业，通过销售一种名叫“Frisk”的、能降解的通用清洁剂，成长为一个57亿美元的跨国公司，在全世界范围内拥有300万的独立经销商，提供超过6500种不同的产品和服务，还经营着互联网上最大的零售网站。在安利，仅仅是研发和生产基地就占80栋办公楼，占地总面积达到420万平方英尺。在《财富》和《福布斯》这两个杂志公布的美国最富有的个人的年度名单中，狄维士和温安洛的名字总是无一例外地出现在上面。

当保罗答应他在安利集会上的第一次演讲时，他对这些事情都一无所知。对他而言，这只是另一次机遇演讲。但是，保罗已经在毫不知情的情况下迈出了一步，这一步总有一天会带领他取得21世纪改革创新的绝对优势。他即将涉足的领域，在此之前，还没有任何一位主流经济学家涉足过。如果保罗过去在沃顿商业学校的老教授们知道他在干什么，一定会大皱眉头。不过，对保罗即将揭示的、绝妙无比的机遇，他们也一定会大为吃惊。

第八章

经销高速路

当保罗·赞恩·皮尔兹来到圣路易斯的会议中心，准备在安利集会上发表演讲时，他立刻被吓呆了。这一群体共有3500人，全都情绪高涨。那些鼓舞士气的讲话、各种奖状、以及乡村西部明星克莉斯多·加尔（Crystal Gale）的现场表演，将他们鼓动到一种狂热的状态。“我都有点被吓着了。”保罗承认说。他想，这个周末庆典一旦被一个经济学教授的令人厌烦的演讲打断，观众会作何反应？会向他扔西红柿吗？或者像被一场过时的杂耍激怒的客人一样向他吹口哨，将他赶下台？

当保罗走上讲台时，他很快意识到自己的担心是多余的。这群人原来是那么地专心致志。“我走上讲台后，他们把灯光调亮了许多，每个人都拿出了纸笔，开始记笔记，”他回忆道，“他们表现得很严肃，我感觉就像和自己的学生们在一起，他们就像在为期终考试做准备。”

不只是喧闹

保罗已经接受了关于网络直销文化的第一课。在整个喧闹的外表之下，MLM直销人其实是非常严肃的，他们渴求新思想，对挣钱的态度也非常诚恳。演讲过后，保罗同20个顶级销售领导人坐到一起谈论经济，直到天色破晓。“我为他们的奉献精神，也为他们的学习欲望所折服。”他回忆道。

> 在整个喧闹的外表之下，MLM直销人其实是非常严肃的一群人，他们渴求新思想，他们对待挣钱的态度也非常诚恳。

保罗同时也在学习。在这次会议之

前，他花了几周时间研究安利，对它琳琅满目的产品、迅速的全球扩张和口头相传的市场营销战略非常吃惊。他感到不解，为什么以前从来没听说过这家公司？而且，这整个行业是如何成功地逃过他的注意力的？“如果我要开始设计一种新的商业模式，充分利用我在《无穷财富》一书中阐述的原理和新兴的趋势，”他说，“那么，这种商业模式就是网络直销。”他决定在以后的岁月里将研究MLM作为自己头等重要的事情之一。

来自消费者的阻力

尽管保罗有满腔热情，他也需要许多年才能完全掌握MLM为他自己那张光盘带来的潜力。他将8年的时间花在徒劳无益的追求上，试图通过所有可能的常规方式来营销他的光盘。“我真希望能对你说，从一开始起我就将安利看作一个机遇，”保罗说，“但是，我并不是这样做的。过去，我认为它是一个错误的重复，最终会让我们付出金钱乃至整个公司作为代价。”

保罗为了销售这些光盘，尝试了他所知的所有技巧。他曾经群发邮件，他同学校的官员见面，试图安排大批量的订单，他说服百视达音像店（Blockbuster Video）让他在50家加利福尼亚的商店里随意支配他的CD-ROM销售方式，任意使用他所喜欢的展示类型或者产品组合。连续3次试验都失败了。

“这实在是太令人沮丧了，”保罗回忆说，“我们无法建立客户忠诚度。”保罗在商店里没有一个推销员，这使他处于一个非常不利的位置。首先，让人们去购买教育光盘就已经是够难得了。但是，即使是那些购买了这些光盘的顾客，当他们下次再光临这家商店的时候，他们也经常分辨不清这种那种品牌。“如果他们成了回头客，”保罗抱怨说，“他们也极有可能购买某个竞争者的产品，而这些产品通常都是滥竽充数的。”

蚕茧中

保罗需要的就是进入这个蚕茧，赢得人们的信任，长时间吸引他们的注意力，以便他来阐述自己的情况。慢慢地，他意识到，网络直销可能是成功的关键。1991年后，也就是当保罗在圣路易斯做了演讲之后，他开始以MLM的名人身份出现在大家面前。他在几十场安利以及其他的MLM公司的集会上做过演讲。在做演讲时，他偶尔还与顶级的销售领导人交流，谈到他的CD-ROM。许多人都问他要样品，要在自己的孩子身上进行试一试。

“我开始将这些光盘分送给那些钻石们，安利的前50名领导人，”保罗回忆说，“没过多久，所有这些钻石的孩子以及孙子们都开始使用我的光盘了。于是，他们对我说：‘我们来销售这些产品。’”

聪明的下级团队

在传统的市场营销中，决策都是由顶层领导做出，向下传到销售大军中。但是，MLM的下级团队有自己的意愿。下级团队由独立的商业所有人构成，都是自由自愿的，他们经常主动发现并利用机遇，远远赶在公司办公层之前。“网络直销有这样一个优势，”保罗说，“如果经销商信任一件产品或一项服务，他们就能将其拉入这个组织。”

保罗的强大光盘也是如此。从1996年开始，它通过安利来销售，销售额立即飚升。一年年过去，保罗其他的收入流在逐渐萎缩，几乎成了零，但借助安利销售的数额在不断膨胀，直到MLM为他积攒起800万美元的收入。1998年，保罗接受了一件不可避免的事情：重组公司，只通过安利来进行销售。“我们在零售业已经失败了，”他承认说，“我们在直接邮购中也失败了。但是，我们在直销中，通过安利，取得了意料之外的成功。”

第四波经销

保罗·赞恩·皮尔兹已经有幸一睹未来的情况。在没有出门购物的世界里，越来越多的企业将会联络像安利这样的公司，让他们直接将他们的产品送到消费者的蚕茧中。实际上，许多著名的公司已经迈出了这一步。来自许许多多公司的产品和服务现在都通过网络直销来接近消费者，而这些销售力量同生产商之间或许存在、也或许并不存在附属关系。

例如，IBM正在通过大行星（Big Planet）来销售互联网培训计划，这是如新国际的一家分公司。杜邦（Dupont）和康尼格拉公司（Conagra）在1988年合作成立了一家名叫DCV的生物技术企业。DCV自从1997年与他的母公司分离之后，就开创了一家名叫传统美国（Legacy USA）的网络直销分公司来销售专利营养产品。1999年5月，5.72亿美元资产的营养界巨人NBTY（也就是以前的Nature’s Bounty有限公司）收购了一家位于达拉斯的MLM公司——Dynamic Essentials有限公司（DEI），将它视作市场营销的左右手。

“我们已经注意到网络直销的爆发潜力，”NBTY的董事长、总裁兼CEO斯科特·鲁道夫说，“而且，我们相信，和DEI团队在一起，我们会有强大的成长机遇。”经过数年的观察，NBTY看到，像雷氏公司（Rexall Sundown）这样的竞争者都利用MLM取得了闪电般的市场渗透，于是，它下定决心，加入第四波革命。

未来的榜样

作为第三方经销模式的第四波榜样，或许没有任何一家MLM公司能够超过安利。该公司为通用、克莱斯勒以及福特销售汽车，为热点（Hotpoint）以及惠而浦（Whirlpool）销售家用电器，还为MCI销售长途电话服务。“我们今天的产品目录，看上去就像西尔斯百货公司产品目录的一个浓缩版。”唐·赫尔德说。

> 第四波网络人将为大家提供一条经销高速路，而成千上万的客户企业将通过这条高速路来销售他们的种种商品。

安利公司在网上有自己的虚拟购物广场，产品和服务的类别达到6500种，这展示的正是通向未来的道路。在MLM的初期时代，企业家们会发明更好的捕鼠器，然后使用网络直销的方式将这些捕鼠器带上市场。但是，未来的MLM公司会更像安利，主要的业务将是销售别人的捕鼠器。第四波网络人将为大家提供一条经销高速路，而成千上万的客户企业将通过这条高速路来销售他们的种种商品。

桥上巨人

安利公司以其40年的发展历程，集中表现了网络直销从第一波到第四波的演变过程。这家公司的创始人，杰·温安洛和理查·狄维士，也是以典型的企业家风格开始的，他们引进并销售一种更好的捕鼠器——名叫Frisk的、可生物降解清洁剂。但是，他们公司已经发展成一种高科技的渠道，将小到凯洛格的谷物食品、大到惠而浦的干衣机等种种产品直接推到消费者家中，完全绕过了零售商店。

正如保罗·赞恩·皮尔兹利用与安利达成的战略联盟挽救了自己的事业一样，整个美国最终会为进入网络直销商的“经销高速路”而被迫与他们讨价还价。就像古老的斯堪的纳维亚传说中的桥上巨人一样，MLM行业现在就看守着21世纪的一条最受欢迎的、传递货物和服务的渠道。而且，就像这个巨人一样，它可以对想要加入这条管道的人要求自己想要的价格。

“作为一名经济学家我要说明，过去那些很成功的产品大部分都是靠瞎蒙的运气被发现的，”保罗推断道，“但是，新兴的网络直销不依靠运气。它要找到最好的产品，然后销售出去，不管是谁制造了这些产品。在未来，这将是一个自始至终都成功运行、不断前进的体系。

第九章

成长差距

“我不会这么做的，”丽莎·威尔伯说，“让我来按照这个方案做是不可能的。”丽莎正在和她的雅芳区域经理谈话。她和其她几位销售领导一同被叫了过去，因为她们要开一次特殊的会议。在会议上，区域经理向大家解释，雅芳正引入一种新的酬劳体制——MLM 体制，准确地说，她希望丽莎和其她人都来尝试这项体制。但是，丽莎却坚持自己的立场不放。

那是 1992 年，离丽莎失去了她那份工作，在活动房的地板上大发脾气已经过去了 4 年。对她来说，那是一段艰难的日子，不过，也是美好的岁月。通过付出巨大的努力，她终于站了起来，同雅芳站在了一起。但是，她每天都被一种担忧的情绪所萦绕，她害怕自己的劳动收获会被夺走。一直以来，她像一只母老虎一样为自己拥有的一切而斗争。她下定决心要紧紧握住一分一厘。于是，区域经理说的话都不会说服她，无法让她用她的事业在某个轻率的 MLM 机制上来冒险。

转折点

即使到了今天，丽莎仍然清楚地记得那种痛心的感觉，当她刚刚从秘书的工作职位上被解雇的时候，心里有多难受啊。她记得在回家的路上一路流泪不止，回家后绝望地倒在地板上。“亲爱的，这只是一份工作而已，”她的丈夫道格高声呼喊道，“你为什么要伤心成这个样子？”

但是，对丽莎来说，这不仅仅是一份工作。她所有的希望都被压在了这一年 2 万美元的薪水上。她知道，道格靠砍木头挣的那点微薄的收入永远都无法负担他们的房屋按揭款和购车费用。在道格找到更好的事情之前，他们的生活会非常窘迫。那时，丽莎感觉就像是大草原上的第一批自耕农之一，在她的面前躺着一片恶劣的荒地，危机四伏。而且，对她来说，她能依靠的援助之手似乎只有自己。

“你一直做的雅芳这件事怎么样？”道格建议说，“何不试试，把这件事好好做起来？”被自怜自哀的心情淹没的丽莎，一开始并没有领悟这个明智的建议。毕竟，她已经在雅芳干了7年，从未成功。她现在又如何能期待不同的事发生呢？然而那一天，有什么事让丽莎犹豫了。绝望已经打开了她的心扉，平息了她惯有的、极度的骄傲。当丽莎擦干眼泪时，她突然意识到，道格说的可能是对的。她以前从没真正地给雅芳一次奋斗的机会，她从来没有下定决心好好地经营这项事业，没有日复一日、全职地工作，没有将所有的力量投入进去。如果她做到这些，生活又会变成什么样子？

隐藏的宝藏

在那一刻，丽莎的心飘到了她钟爱的一盘励志磁带上，南丁格尔伯爵的《引领战场》(Lead the Field)。在这盘磁带里，南丁格尔叙述了拉塞尔·康威尔那则著名的故事，就是一个农夫错过了自己田地中的钻石的故事。作为对这个原理的补充，南丁格尔还讲了一则真实的故事：从前，一个加油站的业主竟然在最不可能的地方——在他自己的加油站里，发现了隐藏的财富。

有一天，他向窗外望去，看见一个顾客正等着加油，双手插在口袋里，非常无聊地站着。这种情景很熟悉，但是，就在那一刻，他脑子里突然闪现了一个念头：这位绅士有钱要花，也有时间去花这笔钱，可是他没有花这笔钱的地方。他随后为加油站配备了一些零食和杂物，于是，第一家加油站便利店诞生了。

丽莎意识到，她的处境与故事里的人不无相似之处。她从18岁就成了一名兼职的雅芳小姐，对雅芳事业的熟悉程度如同那位加油站业主对油的熟悉。然而，她也没能看到自己面前的机遇。她开始用崭新的目光来看雅芳。“那时我开始想，也许我的‘钻石之地’就在这里，就在我已经从事的工作中。”她立刻决定将全部的工作精力投入到雅芳中。

两股收入流

那时，雅芳还是一个传统的直销公司，并没有利用多层次营销体制。但这个公司正在试验一种招募方案，即允许销售人员建立向下延伸一层的组织。雅芳的“负责人收入体制”是在1984年引入的，它允许销售代表自主招募新的推销人员，并从所招募的人的业务中提取5%的佣金。丽莎构建了一种商业规划，让她同时开拓两股收入流：来自直销的线性收入和来自招募新人员的剩余收入。

> 丽莎构建了一种商业规划，让她同时开拓两股收入流：来自直销的线性收入和来自招募新人员的剩余收入。

丽莎为了磨练自己的招募技巧，便叫上她的区域经理陪她一起给候选的人士打电话。丽莎也在确保她的广告既提供产品也提供商业机遇，这样，有希望的候选人就会自己选择过来。比如说，丽莎在她那辆破旧的雨果车的侧面就喷上了这样的标语："雅芳产品，或买或卖"，同时还附上了800电话号码。

全面展开市场营销

雅芳的销售代表，那时候通常不用如此华丽而俗气的展示来宣传他们的业务。雅芳文化所鼓励的，是一种更低调的方式。但丽莎找不到什么理由不去利用她能想到的每一种市场营销策略。"一个常规企业会做到的所有事情，我都想去做，如果你雇用了一名电工，难道你不希望他的车上喷着你的广告吗？"

丽莎拿出了分类广告，上路了。她在所住地区的每一个跳蚤市场设了一个摊位，她印制名片和不干胶贴纸，并树立一个目标：不论走到哪里，每天都要贴10张广告。有一些被高高地贴在社区的布告牌上和公共休息室里，还有一些被贴到餐馆的小费盘里。丽莎甚至将自己改装成一个行走的广告牌。"我在自己所有的衬衫上都绣上'雅芳'这两个字，还将雅芳的标志贴在我的钱包上。后来，我又在车顶安装了一个雅芳灯标，在我住的房子上竖起一个雅芳的标志，连我的邮箱形状，都被改得像支口红。"

丽莎的努力成功了。尽管她的收入增长得很缓慢，但很稳定，已经足以支付那些账单，已经开始甩掉负债的包袱。对她来说，这就是梦想成真。"或许，毕竟还是南丁格尔伯爵说的没错。"丽莎想，"或许，我的钻石之地比我想象的还要近。"但是，当丽莎开始享受这份新的成功带来的喜悦时，一个意想不到的威胁突然出现了。

成几何级数的成长差距

虽然雅芳的负责人体制提出了名副其实的剩余收入，但这个体制已经无可救药地过时了。和多层次体制不同，它只允许负责人从所招募的第一代人那里提取佣金。于是，雅芳的负责人要想取得多层次组织里那种成几何级数的增长，根本就无路可走。

在雅芳和它的MLM竞争者之间，最终形成了收入潜力上的差距。随着时间的不断推移，这种差距会变得越来越令雅芳执行人担忧。优秀的销售人才开始将雅芳视作二类机遇，对它避而远之。他们更加钟情于那些发展迅速的MLM公司所提供的丰厚报酬。出于它自己的选择，这家历史悠久的化妆品大公司将自己有力地挡在了网络直销在20世纪八十年代的淘金热大潮之外。而且，随着优秀人才不断聚集到那些竞争的公司里，这种紧张开始显现了。

“如果你无法打倒他们，那就加入他们”

在直销行业中，一场革命正在悄然兴起。当丽莎被召去参加那次1992年的销售会议时，许多资历更老的公司已经屈服于MLM的压力，一些公司已经歇业了，另一些公司则做出决定：“如果你无法打倒他们，那就加入他们。”统计数据会告诉你们事实。1990年，在直销协会的会员公司中，有整整75%的公司都实行直线佣金，但到了那个年代末，传统公司的数量缩小到不足23%。在直销协会的会员公司里，超过77%的公司现在都使用MLM体制。

就在这场转变的中期，丽莎被叫到了那次特殊的销售会议上。“我们有了一种新体制，名叫‘领导层’。”那位区域经理宣布说。她接着解释，这种体制同“负责人”很相似，但是更好，因为它允许负责人甚至可以从自己招募的人所招募的其他人那里得到报酬。丽莎沉默不语地听着这番高谈阔论。尽管这位区域经理从没使用过“网络营销”这个词，但丽莎清楚地知道她在说什么。经过106年的传统直销的历史，雅芳产品开始步入MLM的模式。

形象问题

丽莎真的是被吓到了。“我的立场非常坚定，就是让他们知道我不会这么做的。”她回忆说。

在过去的几年中，MLM的招募人员多次找到丽莎，她非常憎恶他们那种硬性推销的策略，也非常鄙视那种没有信誉、一夜致富的计划。她曾经一次又一次在媒体上看到MLM公司被严厉地谴责为金字塔阴谋，她一直以来都非常庆幸自己是和像雅芳这样的拥有光辉形象的团体联系在一起，它那一个世纪之久的良好声誉以及保守的策略都能保护它不受负面新闻的影响。

“如果雅芳为此而落了个坏名声，我该怎么办？”她想。

如果106年的信誉就这样在丑闻的漩涡中慢慢下沉，该怎么办？显然，雅芳的执行者们还没有很清楚地考虑好这个问题，丽莎推测到："我以为他们只是想赶上其他公司，这似乎是个坏想法。"

砂石之地

那一天，丽莎离开销售会议时，心情非常沉重。她原本要在雅芳搜寻、发现的钻石之地，正在变成砂石之地。至少，这是她的看法。但是，丽莎距离真理已经太远了。她没有意识到，网络直销的形象那时候也在转变之中，它作为商业新闻界替罪羊的永久身份正在走向尽头。而且，MLM 大获全胜的日子就近在咫尺。丽莎注定要在这场胜利中扮演一个非常重要的个人角色。她对第四波革命的影响将会是不容忽视的。不过，也要多亏丽莎持续不断地钟情于自怜自哀，她还需要经过许多年才能体会到自己是多么地幸运。

第十章
竞争优势

历史上的首位雅芳女士是来自新罕布什尔州温彻斯特市的P·E·阿尔比夫人（Mrs. P·E·Albee）。她在1886年被大卫·H·麦康奈尔（David H·McConnell）雇佣来销售香水和面霜的新产品。曾经作为上门图书推销员的经历，让大卫·H·麦康奈尔发现，比起他卖的书，女顾客们通常更喜欢那些免费的香水。于是，他和妻子露西成立了一家新公司来满足这种需求。该公司位于纽约市，但被命名为加利福尼亚香水公司，这是为了让人想起加利福尼亚州的鲜花。

麦康奈尔的公司之所以成功，很大程度上要归功于阿尔比夫人的努力。她开拓了巨大的销售领域，伸入到美国西北部的许多地方。她销售产品，招募女性经商，为后来全球最大的直销势力做了铺垫。到1950年麦康奈尔的公司改名为雅芳产品时，该公司的销售额已超过2500万美元。今天，超过260万的独立代理人正追随阿尔比夫人的步伐，在135个国家销售雅芳产品，并且迅速创造了大约51亿美元的收入。

至关重要

雅芳早期的成功很好地诠释了直销势力的一个显著优势——它赋予最普通、最基层的会员以自由。这是至关重要的。独立销售代表完全发挥潜力的可能性，比领薪水的公司员工要大得多。他们有自由，也有动力来创建自己的事业。例如阿尔比夫人，单凭这样一位积极进取的人，就可以影响一个数十亿美元的公司的命运。

在多层次组织中会发现，一个个独立的创新人甚至拥有更大的杠杆作用——

> 雅芳早期的成功很好地诠释了直销势力的一个显著优势——它赋予最普通、最基层的会员以自由。这是至关重要的。

这一点丽莎·威尔伯很快就会了解。从孩童时期开始，丽莎就非常崇拜阿尔比夫人。“我知道她来自新罕布什尔州温彻斯特市，那里离我从小住的地方不远。我敬佩她是因为她是一位女商人。而我之所以会被雅芳吸引，正是由于它是女性的公司，由女性自己来经营事业。”可是，此时的丽莎不可能料到，将来某一天她也会成为在雅芳发展史中扮演重要角色的人，其作用丝毫不亚于传奇人物阿尔比夫人。

销售障碍

倔强是丽莎所拥有的众多特性之一。一个月又一个月过去了，丽莎在她的销售圈内艰难前行，拒绝做与雅芳新的MLM方案有关的任何事情。但是最后，丽莎的决心开始动摇了。有一天她突然醒悟，自己用了1年半时间全职销售雅芳产品，年收入却从未超过15000美元，为此她每周辛苦工作80小时，将生活中的大部分精力投入了进去。

她最终不得不面对这样的事实：雅芳传统的销售方案对她来说效果不大。“即使达到50%这样的顶级收入等级，为了挣10万美元，我还必须卖出价值20万美元的产品，那是多少支口红啊！”最终，丽莎屈服了，1993年，她签约加入了领导人制度。

臭鼬特别工作组

丽莎还没有意识到，她已经加入了一个臭鼬特别工作组。这是一群与众不同的人，他们聚集在一起，虽然也身处公司内部，但从事一些主流之外的特殊项目。创造性的成就常常来源于臭鼬特别工作组。例如，苹果机就是由一群富有灵感的创新者开发出来的，他们就是在苹果公司里默默地工作着。但是，特别团队也为这种自由付出了代价。许多更守旧的同事常常会避开他们，而且把他们看作是古怪的人、奇怪的人、反叛的人。这些臭鼬被世人孤立，大家唯恐他们的浊气污染了公司其他的地方。

雅芳也发生了类似的情况。在领导人方案启动后不久，一位对实验缺乏热情的新总裁上任了。领导人制度被允许继续实施，但是只能像臭鼬特别工作组那样默默地、静悄悄地工作。雅芳网络直销计划的负责人沃尔特·布拉茨洛（Walter Bracero）回忆说："在那个时候，多层次营销被认为是金字塔计划。"布拉茨洛承认，正是由于公司不冷不热的支持，所以才会导致MLM不良的公众形象，他说："我们的实施工作非常低调，而且没有大力推进。"

领导人的诞生

在一个拥有上百万人、创造数十亿美元销售额的组织中，丽莎出乎意料地发现自己被孤立了，非常孤独。"他们不做培训，"丽莎说："没有任何销售材料。对领导人方案里的人，也不给任何奖金。就是说我们完全被忽略了。"

丽莎站在了十字路口。如果她想让自己的MLM事业继续运行，就不得不依靠自己的力量，这就意味着，她要做一名领导人。在她过去的雅芳事业中，她只需对自己负责，现在，她不得不确保自己招募的人也必须工作积极，否则团队就不会做大。她的命运取决于她培训和发动别人的能力。"在网络营销中，个人的荣誉并不重要，要让自己的下级团队获得荣誉，如果你让他们成功，你的收入就不用担心了。"

支持，支持，再支持

许多领导人制度的销售代表抱怨雅芳公司对这项计划的忽视。但是，丽莎已经开始厌烦这种抱怨。在过去，自怨自怜除了给她带来贫穷，还给了她什么呢？她下决心掌控自己的命运。事实上她意识到，雅芳对领导人制度的同情，给了她优势。"我能和雅芳一起前进，我能以我想要的方式来经营，并且看看这种方式是否成功。我不能容忍别人作为我的上级要我墨守成规。"

在没有团体可以依赖的情况下，丽莎决定塑造自我。她为下级团队办了一个时事报道，刊登销售技巧和鼓动人心的故事。她在他们过生日时送巧克力，给他们寄卡片，提醒他们别忘了一些重要事件。她还成立了"千元富翁"俱乐部，要人们在两周内销售1000美元以上，并给优胜者颁发证书。她经常拜访其他州的下级团队领导人，并举办培训班。"我明白关于领导人制度的三件最总要的事情，就是支持，支持，再支持。关键就是，要支持你的下级团队。"

坚持的力量

虽然丽莎全力以赴，但是成功并未立刻到来。在MLM事业的头两年里，她不知疲倦地坚持过来了。她在领导人制度实施的第1年只挣到了12000美元，后来还将这笔钱的大部分投回了这项事业。“我当时确实担心，自己是在把钱投在一匹死马上。”她回忆说。

但是，在第二年，丽莎的收入出现了几何级的增长，比第1年的两倍还要多，达到32000美元。在接下来的几年里，分别上升到58000元美元、89000美元、137000美元、174000美元。

现在，丽莎的经济担忧早已成为了过去。在丽莎收入增长的同时，她丈夫在建筑业也取得了成功，并且威尔伯夫妇的收入加到一起，给了他们从未想过的自由。“六年前，如果有人说‘我们出去吃午饭吧’，我不得不担心我能否付得起饭钱，可现在，我丈夫说‘我们去巴黎吧’，我们立刻就能去，而不必考虑费用的问题。”终于，丽莎拥有了自己的钻石之地。

迅速蔓延

正如丽莎改变了自己的生活一样，她也帮助了雅芳公司的转变。在丽莎进入领导人制度的第4年，公司的执行人注意到了她的成功。“他们开始给我打电话，并且要我将业务通讯的复印件和其他资料也送给他们一份。”事实上，雅芳正在准备一次重要的政策转变。领导人制度像杂草一样迅速蔓延了五年。现在，雅芳开始游说高层领导，比如丽莎，想了解公司总部如何才能采用他们的成功策略。1998年4月，这种转变到了紧要关头。

“我们同领导人制度的销售代表碰面，”布拉茨洛说，“向他们宣布，我们正在采取一种更积极、更强烈的方式——真正地走出去，支持我们的销售代表，向公众宣传这个机遇。从此以后，领导人制度销售代表的人数翻了一番。”

不再是臭鼬特别工作组

雅芳不会透露其销售力量中目前有多少人是MLM经销商。但是一些人估计，该公司在美国国内的50万直销大军中，10%的人都加入了领导人制度。而且这个百分比在未来几年还会猛涨。布拉茨洛说，雅芳正在将其网络直销体系变成“我们在今年的主要优势之一”。这个臭鼬特别工作组再也不是真正的臭鼬了。

> 雅芳的蓝筹商标和全球范围内的基础设施建设，确保它在21世纪的网络直销业中占有强有力的地位。

正如苹果机后面的瞪大双眼的技术员将机器改装成他们想要的形式一样，雅芳的MLM先驱也将雅芳转变成第四波的雏形。雅芳的蓝筹商标和全球范围内的基础设施建设，确保它在21世纪的网络直销业中占有强有力的地位。

新的可信性

在第四波运动改变全美国的过程中，雅芳公司的转变只不过是其中的一个例子。多年来，财富500强的执行人只是远远地注视着MLM现象，却不敢伸手一试。现在随着网络直销的声望日益提高，他们的胆子也大了，终于准备亲自尝试用这种方法赚钱。

“今天，网络营销已经变得更加可信，”布拉茨洛说，“企业家看到，他们能通过网络直销挣到非常可观的收入。获得收入的潜力确实是无限的。领导者计划让我们在直销的竞争中拥有优势，让我们站在平等的位置吸引企业家。”

第十一章

巨响

我拥有一家书店，但我从来不去那儿工作，我从不操作收银机，从不扫地，从不为库存着急，也从不和房东讨价还价。实际上，我要做的只有一件事：每个季度，当支票寄来时，我去兑换现金。

同世界上其他数以千计的人一样，我是Amazon.com（亚马逊）的一名联营者。

顾客只需点击按钮，就可以通过我的网站www.richardpoe.com购买图书。其余的事情都交给Amazon.com管，它获取订单、处理信用卡，并且送货。

要想加入这套程序，无需支付任何费用。每个季度末，Amazon.com会依据每一笔交易付给我一小部分佣金。

当然，这并不是一个网络直销的机遇。但是，在众多传统的企业里，Amazon.com恰恰体现了发展趋势，那就是，采用越来越多的类似MLM的战略。随着第四波革命对美国企业的改变，MLM同传统商业之间的界线变得越来越模糊。越来越多的公司都在从顾客中诱出推荐人，招募顾客作为分销商，并且，对待雇员的方式就像对待企业家一样。

照现在的趋势发展下去，今天的大规模企业机构就会变成一群独立的经营人，彼此之间仅靠因特网联系，供货也靠一个无形的供应商关系网。像Amazon.com这样自我复制的商业形式将大量存在。人们都在家中办公，时刻都与自己的爱人在一起。而网络营销将会出现，作为组织管理这些新兴的数以百万计的独立商业所有人的主要策略。期待这个爆发就在未来的几年中来到吧，我将它称作“巨响”。

分类处理的企业

其实，“巨响”理论没有什么新奇的地方。像约翰·奈斯比特（John Naisbitt）和阿尔文·托夫勒（Alvin Toffler）这样的未来学家，多年以前就在预言大企业的大规模分类处理。但是直到最近，专家们才意识到，网络直销会在这个过程中起到作用。《无限财富》的作者巴里·卡特就是首先看到这种联系的一个人。他预言，将出现“大众私有化”——企业和政府机构的财产会大规模转移到普通工人手中。21世纪的男人们和女人们不再为一份薪水而辛勤工作，他们会为自己工作，收入与劳动是相当的。

“我们已经有了自己的第一批大众私有化企业，”卡特说，“网络直销商拥有他们自己的事业，不论每笔交易带来的收入是多少，都能按一定比例提成。实践证明，网络直销拥有持久力，并且已经获得了合法地位。时至今日，只有网络直销行业能够成功地在大众私有化模式的基础上提供可行的商业机遇。”

粗心大意的机器人

卡特并没有涉足网络直销。现在，42岁的他是一家财富500强公司的经理。他做过经理主管、工程师和管理顾问，曾为多家企业服务，包括IBM和露华浓（Revlon）以及休斯公司（Hughes Aircraft），他生活的大部分时间都用来穿越企业官僚的迷宫，而且，他经常对自己看到的景象感到震惊。“我曾经在制造领域工作过，在那儿，工人生产出来的组装电器如果不规范，真的会害死顾客，”他说，“当我向生产工人讲明这个情况时，他们都很震惊，他们根本就没有意识到自己工作的严重性。”

卡特总结说，企业里的人工作就像机器人，按照既定的程序工作，像梦游一样不动脑子，也没有远见和希望。他们生命中所流失的正是所有权的感觉。不论是工人还是经理，他们一样在为别人辛苦工作，而不是为自己。高级工作很少会带来高级薪水。在亚当·斯密写下《国富论》的200年后，似乎自由企业仍然需要接触到大多数人的生活。

“过去20年中几乎每个时期流行的管理模式，我都试过，”卡特说，“比如质量研讨小组、目标管理、自我指导团队、水平型组织、工人权力下放……但是它们当中没有一个真正有效，它们不过是贴在深深的伤口上的创可贴。”

权力自然下放

卡特意识到，问题在于企业自身。只要人们继续为老板服务，他们的身份就仍然是奴隶。真正的自由，只属于那些拥有、掌控自己事业的人。但是，千百万的奴隶如何能在一夜之间变成主人呢？他们到哪里找资金、客户、技术呢？市场上有足够的需求来维持如此之多的商极吗？

传统的知识对这些问题的回答都是：不。按传统的思维，在家办公的企业家，都会被提供更佳服务和更低价格的巨型公司挤垮。但是，卡特拒绝接受传统的知识。他注意到，经济中的基础力量已经在一点点吞噬巨人企业，就像白蚁一样。他相信用不了多久，雇员就会获得自由，用不着任何一位管理权威的帮助或介入。不知不觉中就会产生变化，这来自“大型商业”的崩溃，它的到来会比谁预料的都早。

寻找霍拉提奥·阿尔捷

让我们回到1931年，那一年，一个来自英国的名叫罗纳德·科斯（Ronald Coase）的经济学学生来美国旅行。他满心希望遇到霍拉提奥·阿尔捷（Horatio Alger）有关穷人变富人的经典小说中所赞扬的随心所欲的精神。但是恰恰相反，美国人正像羊群一样涌向各大企业寻找固定工作。传说中的美国企业精神在哪儿？“为什么，”科斯问道，“在这样一种自由企业经济体制下，工人会主动屈服于公司的指挥，而不是向市场上的顾客销售自己的产品或服务？”

在寻找答案的过程中，科斯写了一篇论文，叫《企业的性质》。后来有一天，他靠这篇论文获得了诺贝尔奖。在这篇文章中，他说，企业发现雇佣全职的员工更省钱，因为与外界供应商做生意的交易成本太高了。换句话说，每打一封信，雇佣一名秘书比找外面的打字员更便宜。反过来说，那些有能力自立门户的人因为要价太高，找不到客户。经济学的严密逻辑让他们别无选择，只有屈服，毕恭毕敬地来到大公司人事部填招聘表。

越小越好

时至今日，事实恰恰相反。正如保罗·赞恩·皮尔兹在《上帝想让你变富》这本书中说的那样：“如果科斯在今天写这样一篇论文，他很可能会得出完全相反的结论。”科技已经大幅度降低了交易成本，现在的企业，把活儿包给外面的人做要更省钱，也更容易。低廉的电话费、免费的电子邮件、隔夜送货服务、即

> 科技已经大幅度降低了交易成本，现在的企业，把活儿包给外面的人做要更省钱，也更容易。

时机打发票……这一切都让分工协作变得更方便，即使大家相隔几千里。皮尔兹说，今天的经济学家都明确地指出："大多数大型企业的员工数量都应该大幅度减少，而且，许多大型企业根本就不该存在。"

情况的确如此，大型企业都在裁员，小企业正在夺取更多的商机。"美国的出口商品中已经有50%是由员工不足19名的公司生产的……" 约翰·奈斯比特在他的著作《全球杂谈》一书中写道，"财富500强现在只占美国经济的10%，而在1970年，它们占到了20%。"

鸟群因素

科学家使用高速摄影机研究鸟群的时候，惊奇地发现：鸟群的反应速度，比一只鸟自己的反应速度还快。当它们遇到猛禽时，只需要1/70秒，整个群体就像一个活体一样转向、俯冲、逃之夭夭，这一切无需智力来引导，是每一只鸟对同伴的细微动作的下意识反应。"鸟群绝不仅仅是所有鸟的总和。"《连线》杂志执行编辑凯文·凯利（Kevin Kelly）在他的著作《失控》一书中这样总结道。

当经济分散成不断缩小的个体单位时，也表现出了鸟群的行为。相对于动作迟缓的大机构，由数以百万的小单位组成的网络，在市场上可以更迅速、更果断地做出反应。"数学知识告诉我们，一个网络的总价值，随着成员数量的平方而增长……"凯利在他的著作《新经济的新规则》一书中写道，"因而，1000名成员可以拥有100万份友谊。"不论是人还是动物，正是个体之间这种随意关系的惊人数量，给群体赋予了流动性。网络中的个体单位越多，它们之间所形成的关系也就越多。关系越多，整个网络对市场的反应就越迅速、越高效。

离心力

今天的企业正在迅速地旋转而离散，就像被装在离心机里一样。一场竞赛展开了，看看哪家公司能够更快地分裂成最小的单位，从而，将一个官僚机构变为**群体**。在这场奇特的自我分解竞赛中，问题在于命运自身。"像IBM、飞利浦和通用汽车这样的巨型企业，它们必须分散成由小型、自治的企业公司组成的联邦，如果它们想要生存下去的话。"奈斯比特在《全球杂谈》中写道。

因此，ABB公司（Asea Brown Boveri）已经分解成1200个不同的公司，每个公司雇佣的员工大约是200人。AT&T已经分解成20个分支机构，每个分支都

> 在今天的经济中，拥有优势的并不是那些试图分散成几十个甚至几百个部分的公司，而是那些爆炸分散成数百万份的公司。

自负盈亏。但这只是采取了一半措施，巴里·卡特说，在今天的经济中，拥有优势的并不是那些试图分散成几十个甚至几百个部分的公司，而是那些爆炸分散成数百万份的公司。只有当每一位单独的运作人都获得自主权，都能像鸟群中的鸟儿一样自由地在市场中翱翔的时候，鸟群因素才能完全发挥作用。大众私有化的效力正在于此。

“正如一个行业中的一个组织要向大众私有化转变一样，”卡特说，“整个行业都会像多米诺骨牌一样倒下去。一次倒一个公司，它们要么被迫出局，要么被迫成为大众私有化。”

下一个新领域

为了将问题说得更清楚，卡特提到图书业。亚马逊网站通过放开一群独立联营者，以闪电般的速度渗透市场，将公司标志散布到因特网每个角落。大型图书连锁店别无选择，只有跟随。Barners & Noble 书店、鲍得斯书店（Borders）以及其他图书连锁店不仅创建了竞争网站，还提供了类似于亚马逊网站的联营体制。

的确，过去几个月见证了因特网盲目模仿行为的爆发，而这种行为波及范围远远超过图书业。在 www.associate-it.com 网上，将要成为企业家的人可从 1000 多种不同的分支会员制度中选择，行业领域从房地产到鲜花速递，再到分类广告。有些制度例如 buyMLMtools.com 甚至提供多层次酬劳，允许分支会员招募其他分支会员，还可以从他们的销售额中提取佣金。丘比特传播公司（Jupiter Communications Inc.）预测，分支会员制度将在 2002 年占电子商务销售额的 24%。

卡特非常赞赏分支会员形式，将它视作大众私有化的原型。实际上，他自己就是亚马逊网站的联营者。但是他承认，这种在线商业所提供的收入，仍然不足以代替公司薪水。只有当种种策略都发展完备，能够同时为几千人提供维持生活的收入时，大众私有化的“巨响”才会发生。到目前为止，卡特说，只有 MLM 公司似乎掌握了这种诀窍。

“网络直销有它的局限性，”他说，“它只是在销售和市场领域提供私人所有制，而大多数人并不是销售人员。”不过他相信，MLM 已经在大众私有化的开拓过程中带了一个好头。“网络直销正在引领一场革命，这场革命注定要改变我们的工作方式，也要改变我们孩子的学习方式、我们家庭的结构方式以及我们社会的管理方式。”

第十二章 群体的力量

1998年4月6日，华尔街沉浸在极度兴奋之中。历史上第一次，道琼斯平均工业指数飚升到9000点之上，金融新闻界一阵沸腾，满是激动的情形。然而，这件事情中最引人兴趣的部分却不为人知。权威人士完全忽略了一个不起眼却至关重要的角色，那就是网络直销。

这一切都开始于历史上最大的一次公司合并，这个消息是在那天早些时候刚刚宣布的，即世界第二大银行花旗公司与保险界巨人旅行者集团达成了850亿美元的交易，组建了一个新实体，叫花旗集团，该集团立即成为世界上最大的金融服务公司。花旗集团拥有将近7000亿美元的资产和1亿客户。金融和经纪业股票也一路猛涨，作为对这笔交易的回应。在这次合并中拥有巨大投资的共有基金也蹿到了顶端。

秘密催化剂

那么，网络直销面对这一切需要做什么呢？事实上，这是花旗集团合并的核心所在。旅行者集团的一个最有价值的资产，就是一家名为Primerica的MLM分公司。它所扮演的角色，就是旅行者集团内大部分公司的经销渠道。Primerica销售的产品一应俱全，从美邦银行（Smith Barney）共同基金到商业信用贷款，再到旅行者/艾德纳财产和意外保险。而且，它是用非凡的精力销售这些产品的。

1998年1月，一份来自CIBC Oppenheimer（奥本海默公司）的报告称，Primerica是“旅行者集团中越区销售的主要交通工具”。多禄吉证券公司（Donaldson,Lufkin&Jenrette）在1998年3月的一份报告中大为吃惊——在所有显著的商业信用贷款中，Primerica 已经成功销售了近 50%。“事实上，在 1996 年，Primerica 为美邦基金销售的产品，比美邦自己卖得还多。”《亚特兰大商业新闻》在 1997 年 2 月 14 日欣喜地说道。

挨户访问的银行家

简而言之，旅行者集团拥有增效作用的组织。它的 MLM 销售力量为推动金融服务提供了绝妙的交通工具。而且，旅行者众多的分公司也一直为 Primerica 不断提供适用消费者的金融产品。“实际上，促成花旗公司和旅行者集团合并的因素中有这样一点，”Primerica 总裁约瑟夫·普鲁莫瑞（Joseph Plumeri）在《网络直销生活方式》1999 年 4 月的那一期中说，“那就是，有机会越区销售来自我们所有潜在的姐妹公司的金融产品。”

既然 Primerica 现在和世界第二大银行结合在一起了，普鲁莫瑞暗示道，它的代理人可能很快就要开始四处兜售花旗公司的活期存款账户。“你的私人金融分析家会来到你家中，带来你的支票，为你做个人的金融分析，还会帮助你规划金融生活，现在，这也包括银行业的方面。”他在 1998 年 11 月对《美国银行家》说：“突然之间，你就发现银行家也在给各家各户打电话。”

就当菲斯·鲍普康恩在《鲍普康恩报告》中预言出门购物将要终结的时候，正如我们所知，她也在她的新书《点击》中预测了银行业的终结。“想象一下……有这样一家银行，里面总有一个指定的人非常了解你的姓名和信贷历史……你的‘私人银行家’……”她充满希望之情地写道。网络直销可能很快以一种意想不到的方式实现这个梦想——通过 Primerica。

“多层的佣金体系”

在这次合并很久之前，华尔街分析家就已经注意到 Primerica 的创新销售力量。不过，许多人对网络直销非常不熟悉，甚至都不知道它到底叫什么。他们就像昆虫学家遇见了一种新的蝴蝶一样，用冷静客观而又惊讶不已的词语对 Primerica 的 MLM 开拓者大加称赞。

“标准普尔认为，Primerica 的代理力量超过了 11 万……这是它最主要的竞争优势，”标准普尔 1997 年的一份典型报告说，“这种体系……成本非常低……不过，代理人的身上都具有受控体系的许多特征。代理酬劳因为多层的佣金体系而有所提高，这种体系能促进新的代理招募，还允许每个代理人为自己建立一个组织。”

许多专家似乎不知道，一大群各式各样的公司利用MLM的历史已经有几十年。例如，当A. M. Best在1996年12月将Primerica的等级从“A-”升到“A”的时候，它解释说：“这次评级行为反映出，该公司实现了它独特的经销系统的长处，而且在这方面已经取得了很大的进步……”但是，Primerica的体系绝不是独一无二的，那时，它只是遍布全世界上千个MLM网络当中的一个。

大众私有化

第四波革命随着Primerica来到了华尔街。从表面上来看，旅行者和花旗公司的这种大合并，就像是传统公司势力的合并——迈向大型而非小型的一步。但是事实上，花旗集团正在坚定不移地滑向大众私有化。1998年它削减了6%的劳动力，让10400人下岗。正当花旗集团的常规雇员不断减少的时候，它的MLM销售力量却在增长，到1999年已有13.9万名代理人。

就像整个美国企业界的大致情况一样，花旗集团正在削减工作职位，但也在扩张企业的机遇。它正在利用群众的力量。Primerica的代理们像小鸟一样扑向了市场，瞄准微小的、或者是难以接近的小缝隙，而这都是被传统的市场营销人员忽略的。上千名企业家共同行动，实现了这个世界上最强大的金融巨人仅凭自己可能永远都无法实现的目标。

> Primerica的代理们像小鸟一样扑向了市场，瞄准微小的、或者是难以接近的小缝隙，而这都是被传统的市场营销人员忽略的。

身负使命的人

蒂龙·泰勒正是这个Primerica群体中的一分子。对他来说，大众私有化不仅仅是一个概念，而且已经改变了他的人生。Primerica帮助蒂龙从一个年薪26000美元的施乐检查员成长为一个拥有数十万收入的企业家。现在，他正利用Primerica进行单枪匹马、抵制贫穷的运动。蒂龙成长在底特律那些贫穷简陋的街道里，他的人生使命就是在他的黑人同胞中传播财富。

“我的下级团队中有98%都是非洲裔美国人，”蒂龙说，“唯一能区别穷人和富人的就是知识。我酷爱的是在自己的社区里创造经济独立的人。”在这个过程中，他自己已经建立了相当可观的经济独立程度。1998年，他从下级团队里挣的钱超过了42.5万美元。

不过他的事业不是一帆风顺的。他成长在底特律的东部，父亲是一个看门人，母亲是家庭主妇，他们拼命奋斗，养活12个孩子，但是他们希望孩子拥有更多。蒂龙回忆说："他们经常对我们说：要上大学，要找一份好工作。"

公司混日子

不幸的是，"找一份好工作"的法则对蒂龙行不通。27岁时他还是施乐公司的生产检查员，一周工作6天甚至7天，却看不到任何上升空间。他开始寻找兼职的商业机遇。

通过一位大学同学介绍，他进了一家人寿保险公司，叫阿尔－威廉斯（A. L. Williams）。这是一家网络直销公司，蒂龙受到了剩余收入的鼓舞，开始创建自己的下级团队。但是，施乐公司的老板很快发现他在工作中散发名片，于是对他说，要么停止做阿尔－威廉斯，要么从施乐辞职。他回忆道："我感到非常震惊，这让我感到自己是在监狱里，是整个美国的奴隶。"

他承诺在上班时间停止招募工作，但他利用业余时间继续创业。半年后，他挣的钱够他辞去这个工作了。又过了两年，他挣了几十万美元。"工作很辛苦，"他回忆说，"但是我非常酷爱自己做的事。"

彻底干净

蒂龙早在1985年加入这家公司，目睹了该公司的种种变化。1988年，阿尔－威廉斯被Primerica收购，1994年，Primerica又被旅行者集团吞并，最后于1998年，被花旗集团兼并。这家公司的文化随着所有权的变更而变化。蒂龙仔细思量这些事，说："任何事情的发生都是有一定原因的，亚特·威廉斯（Art Williams）在八十年代是非常优秀的，他创建了这家公司，让事情都运转了起来。但是，进入九十年代后，我们需要一位卓有远见的人，给我们更专业、更容易成功的系统。"

这位卓有远见的人，最终是约瑟夫·普鲁莫瑞（Joseph J. Plumeri），旅行者集团的一位执行官。他在1994年被任命为Primerica的总裁，他首先采取的行动之一，就是规范销售力量，严格执行、遵照政府的规定。审计员仔细检查每一个代理人，那些不愿意改正自己行为方式的人，都被解除了合同。结果，一个比它的常规竞争者更加彻底干净的销售力量团队诞生了。正当保险行业在法律和规章的诉讼活动中四处摇晃的时候，Primerica"站在这些冲突之上，并为那些疲于诉讼的竞争对手作出榜样"，保险商业期刊《最佳人评论》在1997年2月的一期中这样评价。

交钥匙系统

下一步，普鲁莫瑞开创了交钥匙系统，这可以标准化并简化Primerica的事业。这些系统之一就是PFS大学，一种为新招募人员准备的培训计划。过去，蒂龙招募的人当中有多达80%的人都因为没能通过保险业和证券业职业资格考试而被淘汰了。现在，PFS大学在考试之前会对蒂龙招募的人进行培训，这样，他们的成功几率已经达到45%。

一种名叫“金融需求分析”（FNA）的标准化的销售工具已经变得更加有益。Primerica的代理人现在会让潜在客户填一份FNA问卷调查表——对潜在客户的金融状况进行广泛的调查，作为销售过程的第一步。然后，代理人把数据带回家，输入一个计算机程序，看看潜在客户在哪里存在金融方面的不足。

一掌惊醒梦中人

“这就像一掌惊醒梦中人，”Primerica的公共关系资深副总裁马克·苏匹克（Mark Supic）说。当代理人下一次同潜在客户见面时，已经掌握了事实，有备而来。他们向潜在客户指出其金融计划中存在的漏洞——现有的收入不足以负担梦想中的房屋、孩子们的大学教育，或者他自己所期望的安逸的退休生活。“一旦他们看到这些不足，”蒂龙说，“大多数人都会发现，自己的确需要一些改变。”

这些改变可能就是购买保险、投资共同基金、参加消费贷款等——这些都可以从Primerica得到。或者也可以采取这样的方式：加入这位销售代表的下级团队，成为Primerica的代理人。“如果这个人看上去比较合适，”蒂龙说，“你可以对他说：弥补收入不足的一种方式，就是加入Primerica的事业。”

一次一人

正如所有的网络直销公司一样，Primerica的那种将客户变成销售人员的能力，使它可以深入地渗透到市场中去，而这些市场在别的情况下是关闭的。Primerica计划通过无穷无尽的个人推荐链条传遍社区，一次一人，在朋友、邻居、亲戚和同事之间传播。它全力将花旗集团的整套服务带入蚕茧之中——人们与世隔绝的避难所——住房、教堂和家庭。

Primerica已经利用它口头相传的战略，接近了那些蓝领和中等收入的家庭，而这些被大多数保险公司所蔑视。“在这个行业中，有太多的人对我说：‘噢，向任何一个年薪低于10万美元的人推销保险，我可受不了。'" 常务编辑爱德华·基南（Edward Keenan）在人寿保险业务通讯《探索》1996年9月16日的报道中写道："Primerica……已经向我们曾经忽视的这些人销售了大量产品。"

返回本原

在那些被忽视的群体中，包括非洲裔美国人——这些人占到Primerica中大约20%的顶级销售领导人。"我市场当中的这些人，真的对Primerica感到非常激动，"蒂龙说，"他们当中多数人都没有多少钱，他们想知道自己如何摆脱经济的束缚。"蒂龙和他的妻子卡罗林以及女儿卡米尔现在住在位于底特律高级郊区福兰克林的一栋百万美元的住宅里。但是，他没有忘记自己的根。蒂龙的事业将他自己一次又一次带回东底特律的街坊四邻。

"在非洲裔美国人聚集的地方，我在教堂里演讲，也在许多不同的地方演讲，"他说，"在我过去住的地方，可以看到许多银行和信用合作社，但是没有经纪公司。孩子们在成长过程中，看着自己的父母工作了30年，却攒不下什么钱，他们知道自己也将走上同样的路。没有人教他们投资。我能将美邦带到他们当中，不仅让他们激动也让我自己激动。"

> 正如所有的网络直销公司一样，Primerica的那种将客户变成销售人员的能力，使它可以深入地渗透到市场中去，而这些市场在别的情况下是关闭的。

再无讥笑声

当亚特·威廉斯于1977年第一次将他的MLM人寿保险公司带到世人面前时，这个行业一片笑声。一个退役的足球教练，领着一队兼职人马，什么卡车司机、交警、老师和工人，这看上去很难构成威胁。但是现在，没有人再嘲笑了。这个群体的力量已经平息了所有的嘲笑。亚特·威廉斯在1990年退休，10年之后，他的想象继续震撼着世界。今天，当我们在创世大爆炸的边缘徘徊的时候——整个美国爆炸分解成数百万微小的企业家——似乎觉得威廉斯的先见之明不乏神灵的启发。

第十三章

麦当劳效应

梅格·凯利－史密斯（Meg Kelly-Smith）正生活在噩梦中。在没有任何征兆的情况下，这场噩梦就突然降临到她的头上。仅仅在几个月以前，她还位于世界之巅。作为国内第12大储蓄借贷机构的资深副总裁，她掌管着120亿美元的房地产贷款业务。她的丈夫，杰伊·史密斯（Jay Smith）也是同样成功，在加利福尼亚州的马林县，旧金山的北面，他成功经营着一家保险服务公司，已经20年。梅格和杰伊都习惯了上万美元的月收入，而且认为这笔钱会源源不断。

但是情况并非如此。在20世纪八十年代末，储蓄借贷业务同加利福尼亚的保险业务一起栽入了谷底。“我看到了我的公司身处困境。”梅格回忆说。她的丈夫则身陷更糟糕的窘境。保险公司以及他提供业务服务的华尔街公司开始拖欠付款。面对身边300多名大声要工资的雇员，杰伊无钱支付。他开始变卖资产。“那时不是员工为他工作，而是他为员工工作，” 梅格回忆说，“他清算了所有的资产，但是无法为自己留下一笔钱。这项事业做了20年之后，他真的担心自己永远都不能退休了。”

企业家神话

梅格的丈夫碰巧撞上了企业家神话。据小型企业顾问迈克尔·E·格柏说，每年都有成百上千的人上当受骗，以为只要开创自己的事业就能逃过公司之间你死我活的竞争。但是，对大多数人来说，自由的梦想实际上就像理想中的黄金国那7座城市一样虚幻缥缈。

事实真相可能需要多年的时间才会被披露，但是一旦披露，给人们的冲击力是非常大的。“突然之间，”格柏在他的《企业家神话》一书中写道，“你领悟到自己的现实状况……你所拥有的不是一份**事业**，而是一份**工作**。更确切地说，这是世界上最糟糕的工作。”同你在公司里的工作不一样，这份工作不会让你放假，它不停地消耗你，一周7天，一天24小时。

雇用员工也无济于事。从来没有一位经理优秀得足以独揽全局。工作时他得站在员工后面仔细盯着，还要插手帮忙，以防出现灾难性的后果。最终他意识到自己已经牺牲了生活、家人、心境的安宁和身体健康，这一切都是为了所谓事业。可是又得到了什么回报呢？在企业收入中，落入员工口袋里的钱似乎比老板的还要多。

交钥匙解决方案

那么，面对公司之间这种你死我活的竞争，就无处可逃吗？对那些知道秘密的人来说，有出路，它就存在于一种新式的经营方式中，多数人对此还知之甚少。“今天，有一场革命正在进行之中……”格柏断言，“**交钥匙革命**。它不仅正在改变我们在这个国家中经营商业的方式，还在改变谁能进入商业的领域、经营商业的方式以及获得成功的可能性。”

当你买一辆新车时，完全不用打开引擎罩修修补补，你只需转动钥匙，就可以驾驶，这就是“交钥匙”的含义。在商业世界里，它指一套精心制作、非常完美的系统，不需要修修补补、调试，也不需要反复试验，只需转动钥匙，然后挣钱。格柏预测道：在今后的几年里，会有越来越多的人通过交钥匙商业模式而获得企业家的自由，他们应该将成功归功于一种现象——格柏将其称之为“麦当劳效应”。

装配线汉堡包

这种现象的名称来自两兄弟，莫里斯和理查德·麦当劳。事情要追溯到1948年，那时，他们俩发明了一种提供快餐的新方式，就像是底特律的汽车装配线，菜单精简得都无法再精简，只提供汉堡包、奶酪和油炸食品。由于使用的是简单、标准的程序，他们为客人端上食物的时间非常快。顾客们都蜂拥来到这家餐馆，兄弟俩以自己的姓将这家餐馆命名为麦当劳。

1954年，一位名叫雷·克洛克（Ray Kroc）的冰激淋设备销售员来到这家餐馆，深受触动，和这两兄弟达成了一笔交易，对他们的概念进行特许经营。克洛克答应以950美元的费用销售麦当劳的特许经营权。一旦一家分店建立起来并开始运行，被授予特许经销权的人将他总销售额的1.9%付给克洛克，克洛克再将其中的四分之一付给麦当劳兄弟。克洛克的这笔交易创造了历史。今天，全世界范围内分布着24500多加麦当劳快餐店，整个系统的销售额达到360亿美元。

> 这就是“交钥匙”的含义。在商业世界里，它指一套精心制作、非常完美的系统，不需要修修补补、调试，也不需要反复试验，只需转动钥匙，然后挣钱。

简单易行

一些人可能认为，这种连锁餐馆所取得的非凡成功，应该说来自于麦当劳兄弟的天才想法。但是，这么想错了。那家位于圣贝纳迪诺最初的麦当劳快餐店，可以说是一家成功的企业，但并不是一种非常完备、交钥匙即可运行的事业。只有交钥匙事业才能连续不断地运行下去，在超过2.4万名不同的所有人的管理下，一次又一次地成功运行。雷·克洛克使这种现象成为可能。正是他将麦当劳的概念打包成一种可行的特许经营模式，并且在其不断发展的过程中，发动了一种不可阻挡的力量，格柏将其命名为“麦当劳效应”。

克洛克与麦当劳兄弟签了协议之后，开始一步步回忆他们制作、提供食品的每一步骤。然后，他在芝加哥办了一家原型店，看是否能复制他们的成功。事实证明，这是一项令人生畏的任务。生搬硬套不足以复制麦当劳的魔力。克洛克在他的特许经营做好上市准备之前，必须将它做成一种简单易行的方式。他必须调试每一个可能想到的问题，还要提供支持系统来防止这些问题发生。当克洛克一切就绪的时候，他已经将这个概念从头至尾重新考虑了。这可是一件费力不讨好的事情。但是，正是因为克洛克事先想好了所有的问题，他的那些被授权人才得以免于再创业的辛苦。当他们将950美元付给克洛克的时候，接下来要做的事情就只是钻到驾驶员的位置上，转动钥匙。

伟大的执著

克洛克非常执著，像着魔了似的。他在每一个细节上都要求完美。当他的第一炉麦当劳炸薯条出锅时，吃上去软软的而且无味，于是他开展全方位的调查研究，最终发现，麦当劳兄弟的土豆是放在露天的铁丝网箱柜里，被沙漠之风吹干的，正是这个原因造就了独特的松脆风味。于是，克洛克在餐馆的地下室安装了一套室内风干系统，在那儿，土豆都用电风扇吹干。

克洛克在第一家原型店里将每一个细节都发挥到了极致。在这个过程中，他像帕里什岛的军训士官一样鞭策他的经理艾德·麦拉奇（Ed MacLuckie）。“有时候，艾德·麦拉奇在傍晚会忘记打开标志的电灯，这让我非常生气，” 克洛克在他的自传《努力做出来》（Grinding It Out）中回忆道，“也许是，那个地方会有一些垃圾，艾德却说他没有时间去扫这些垃圾。这些小事似乎不会让一些人心烦，但它们对我来说是重大的冒犯，我真的会疯狂地尖叫，而且一定要让艾德来做这些事……实现完美不是一件容易的事情，而完美正是我在麦当劳里所希望的。对于我来说，其他任何事情都是次要的。”

超越特许经营

雷·克洛克伟大的执著，让员工们颇感恼火，他们得忍受他言语的责骂，但是这让数千名被授予特许经营的人有幸得到一份成功的事业作为礼物。今天，麦当劳快餐店的所有人只需交一笔钱，并且从销售总额中交很小一部分，就可以得到一套被证明行之有效的系统、一个价值连城的商标、数十亿美元企业的铺天盖地的广告攻势。克洛克并没有发明特许经营的整个模式，但是，他将这种技术提升到了一种科学的高度。种种特许经营企业模仿他的脚步，现在，根据国际特许经营协会提供的信息，这种方式大概占到全美国零售业的50%。

> 交钥匙系统已经显示出同麦当劳一样的能力，可以将自己复制几千遍，甚至在非特许经营的企业里也同样适用。

随着21世纪的到来，麦当劳效应所激起的影响远远超越了传统特许经营的边界。交钥匙系统已经显示出同麦当劳一样的能力，可以将自己复制几千遍，甚至在非特许经营的企业里也同样适用。例如网络直销，也从被证明行之有效的系统和商标中获益，甚至复制速度更快。更为敏捷的蒸馏器则是电子商务网站的传播，它们同先前存在的会员程序随随便便就联系在一起。交钥匙革命已经来到，而且来的正是时候。由于传统工作岗位的消失，以及即将成为企业家的人被企业家神话所困扰，交钥匙系统可以很好地为大家提供最现实的选项。

一条出路

“随着大公司不断缩减规模，工作的整体经济结构正变得与以往任何时候都不同，” 迈克尔·格柏说，“但是，情况不会发展成让60亿人都走到大街上去卖铅笔。人们将拥有一套系统、一个框架、一种背景环境。” 格柏预测，像特许经营、网络营销以及互联网会员程序这样的交钥匙经营模式，都将提供大部分支持结构，这对于从以工作为基础的经济向一种建立在大众私有化以及自主经营之上的经济过渡是非常必要的。

格柏的顾问咨询公司——企业家神话学会，位于加利福尼亚州圣罗莎市，它教小型企业的老板成为更像雷·克洛克那样的人，将工作流程进行简化和标准化，使之成为交钥匙系统，以便被销售，被特许经营，或者交给经理们管理。不过，现实情况是，多数人都愿意成为一个被授予特许经营权的人，而不是另一个雷·克洛克。他们更愿意买进一套交钥匙系统，而不是白手起家自己创建一个。

梅格和杰伊都是经验丰富、受过高级培训的经理人，都有可能从头创办一家公司，而且睡觉的时候都能经营。两个人都是潜在的雷·克洛克。但是，梅格和杰伊对这种你死我活的竞争已经感到非常疲倦，他们再也不想去征服什么世界，他们迫切希望的就是一条出路。交钥匙革命就能提供那条逃脱路线，而提供这条路线的方式将会令他们两个人都大为吃惊。

第十四章
虚拟的事业

“7 年以来，我和杰伊难得见一面。”梅格回忆说。他们俩都做高强度的工作，而且梅格在圣地亚哥上班，来回有 600 英里，她只在周末回家。当他们的事业遭受麻烦时，这对他们来说几乎就是一种解脱。现在，他们有最佳的理由打破自己的常规生活，开始寻找一种不那么累人的生活方式。

到 1989 年，梅格和杰伊都毅然做出决定，一个卖掉企业，一个辞去工作。两个人对下一步都不太清楚，只在五件事上坚定地达成了一致：第一，要找一种两个人可以作为搭档共同创建的事业；第二，要加入一个正在成长的行业，里面有许多上升的潜力；第三，再也不想和雇员打交道；第四，也不想投资许多钱；第五，要创造剩余收入。“我们不想再用剩下的钱来冒险，”梅格说，“我们愿意辛苦工作五六年，付出汗水来创建这份事业。但是，经过这番努力之后，我们希望它能产生剩余收入。”简而言之，他们为自己设立了一套几乎不可能的目标。

应付出的勤奋

没过多久，梅格和杰伊发现，要通过常规的经营方法来实现这个计划，几乎没有任何希望。为了挣到剩余收入，不得不依靠他人的努力来挣钱，这就意味着，要么雇用许多人——但是他们已经发誓再也不这么做——要么购买几份现有的业务，拿许多钱来冒险。“剩下的最后一种方式，就是网络直销，”梅格说，“当我们得出这个结论的时候，准确地说，我们并不激动。我们对网络直销了解不多，但是，我们自认为知道一件事，那就是，它不是一件好事。”

如同许多传统的商业人士一样，梅格和杰伊已经形成了自己对 MLM 的看法，而这主要来自媒体耸人听闻的曝光。不过现在，他们觉得有必要客观地研究分析一下这个行业。他们在法律文库中搜索任何有关MLM的事情，他们向检察长索要已经被取缔关门的公司名单，对它们进行分析，准确地找到它们在什么地方做错了。“在分析研究的过程中，我们明白了，这个概念是可行的，而且计算方法确实行之有效，”梅格说，“如果你能加入一个符合法律方针的公司，而且对它提供的产品或服务也感到非常舒服，它就有可能让你依靠许多其他人的努力来挣钱。”

MLM漫游历程

梅格和杰伊接下来又用了半年的时间，调研了至少7家不同的MLM公司。他们在一些像《挣钱人月刊》这样的贸易期刊上搜索相关广告，他们在国内飞来飞去，实地考察多家公司的总部。梅格说：“杰伊总是开玩笑说，我们遇到了许多好人，但不幸的是，他们当中大部分人都不太清楚如何经营一项事业。”一次又一次，他们找到了一些在产品销售上非常成功的公司，但它们在成长的问题上彻底不称职。“他们会被自己的成功害了，”梅格说，“因为没有去做幕后的工作，没有资金建立库存或者送货上门，它们也无法跟踪销售。等到了该支付佣金的时候，它们早就不知道去哪儿了。”

梅格和杰伊也曾经因为产品问题打算放弃。大多数公司提供的似乎都是消费品，从护肤霜到草本植物营养补充剂，甚至狗粮。梅格不喜欢要求别人改变购物习惯的想法，尤其是让他们买那些比商店里还贵的东西。某些公司还在使用第三波以前的方法，要求经销商储蓄、发送自己的存货。梅格和杰伊无法想象自己如何说服那些穿着考究、担任经理主管的朋友们把一箱箱保湿液堆满车库。“当我们出门旅行看了5家不同的公司以后，”梅格回忆说，“我对杰伊说，我决定了，如果这个产品是你非得往脸上涂或者往嘴里送的东西，我就不做。”

新的未开拓领域

梅格和杰伊不知道，他们寻求的目标已经摆在面前。那时候，最热门的商业标题是和电信有关的。从1934年以来，美国电话电报公司（AT&T）一直在享受政府在电话行业强制推行的垄断，到了1974年，一个名叫微波通讯的有限公司（MCI）向AT&T发起诉讼，挑战它的垄断地位。美国司法部依照自己的反托拉斯法案进行裁决，最终在1982年，AT&T同意分流它的本地电话业务，而且在公开的市场上竞争长途电话客户。这项计划在1984年开始生效。

MCI和斯普林特（Sprint）这两家公司很快成为AT&T最大的竞争对手，而它们主要都是在使用MLM销售方式。像安利和网络2000这样的网络直销公司，他们在销售长途电话服务上取得的成功，并没有怎么引起美国企业界的注意。不过，精明的企业家们看到了正在发展中的新的未开拓领域，他们当中就包括得克萨斯石油商肯尼·A·特鲁特（Kenny A. Troutt）。

创新的战略

特鲁特是一位全能的企业家，他在步入石油界以前，已经尝试过保险业、建筑业和养马业。在20世纪八十年代，他遭受了巨大的打击，那时，油价从每桶50美元跌到15美元，他想方设法找出路，他把目光集中到形势愈演愈烈的长途电话服务上。一位名叫史蒂夫·史密斯的网络直销商让他确信，要想在这个市场上驰骋，MLM就是关键因素。这两个人在1989年成了合作伙伴。

特鲁特在1年前创办了超越通讯有限公司，位于达拉斯，经营的理念非常简单。安利和网络2000是为MCI和斯普林特寻求客户，而超越是为自己寻找客户。它可以不断地挑来挑去，寻求最好的价格和服务，可以随意地把客户从一个电信公司转到另一个公司，不论在哪里都会找到最好的交易。

21世纪的事业

杰伊·史密斯在他的研究中已经确定，电信是一项成长的事业。这个行业在当时的销售额是520亿美元（1989年），在2005年会达到1万亿美元。“杰伊意识到，这将成为新千年的行业，”梅格说，“而且，在150年的历史里，电信从未出现过下滑的时候。”一家亚特兰大的公司当时正为AT&T转售商业长途电话服务，梅格和杰伊决定加入它的团队，通过MLM下级团队销售AT&T的服务，就像网络2000已经为斯普林特所做的那样。

但是，这项事业事实上令人畏缩。梅格和杰伊所瞄准的都是大公司，每月的电话账单都在1000至10000美元之间，这意味着要对公司的执行人进行漫长的推销，还要掺杂解除电话模式和等级结构这些复杂的事项。“这是一件非常复杂的事情，”梅格回忆说，“高技术含量的。”

可复制性

梅格和杰伊对待公司的客户可以说是轻松自如，但是，为下级团队招募新人就完全是另一码事了。“没有多少人能做到我们做的事情，”梅格承认，“所以，我们无法建立一个大的销售团队力量。”这项事业没有提供交钥匙系统，它完全依赖梅格和杰伊自己独特的技巧。尽管它对梅格和杰伊来说是一份非常不错的销售工作，但几乎没有希望让他们通过杠杆利用他人的努力——这是大量剩余收入的关键。

他们所需要的是一项**可以复制**的事业——可以被拥有不同技能水平的人进行反复复制，而这意味着它必须简单易行。在长途电话业务中，最简单的买卖就是住宅客户，你只需和他签下合同，别的就不用操心了。基于这个原因，梅格和杰伊注意到这样一个消息：德克萨斯一个名叫超越通讯的小公司正通过 MLM 销售住宅长途电话服务。

自我反省

“这实在是太有趣了。”梅格回忆说。在 1990 年飞到达拉斯之后，他们发现超越通讯只有一间办公室，里面挤着 5 名员工和几张桌子，销售资料都是复印件的复印件。不过，梅格和杰伊产生了浓厚的兴趣。尽管这项事业比较简陋，但它似乎是可以复制的。任何人都可以做到。

梅格和杰伊发现，他们必须做一些自我反省。他们体内的每一丝有关公司的本能都在对他们说：偷取超越的概念，然后自己做。两个人都有广泛的经历，为银行、保险公司和华尔街的经纪公司做过幕后管理工作。“我们执行幕后管理工作的能力，可能比肯尼还要强，”梅格说，“我们本可以很轻松地重复出他所做的事情。”但是，他们果真想这么做吗？有生以来第一次，梅格和杰伊强迫自己不要像公司执行人那样去思考问题。他们提醒自己记住：目标是不要员工，不要金融风险，要剩余收入。他们渐渐明白，在“交钥匙革命”这个奇怪的新世界中，这家在小人国办公室里工作的微型公司，可能就是他们正在寻找的。

保持简单

“我们开始回顾自己之所以加入网络直销的所有原因，”梅格回忆说，“最大的好处就是没有雇员。”为什么不让超越来处理所有那些头疼的办公室工作？为什么不让他们同电信商讨价还价，为营业额奋力征战呢？梅格和杰伊将这些责任义务都留给超越，这样他们就可以全身心投入到建立下级团队的工作上。他们想要多大，就可以将超越的事业做到多大，而且无需租用一间办公室，无需雇一个人。实际上，他们要创建一个虚拟公司——一个数百万美元的企业，只存在于超越公司的电脑里所储存的佣金关系的复杂链条中。那正是他们一直以来梦寐以求的。梅格和杰伊在1990年的夏天开始着手做这件事。

“我们列出自己认识的人的名单，然后开始招募，”梅格说，“这同以前大不相同。现在，我们不再需要拥有高级技巧或具备特殊销售技能的人，我们吸纳所有想赚取额外收入的人，而且，我们寻找认识许多人的人，这样，我们可以从他们那里得到被推荐的人。”他们的下级团队发展得很快，到那年年底，梅格和杰伊已经停止了商业长途电话业务，将全部时间都放在超越上面。

苦乐参半的胜利

没有人知道明天会带来什么。梅格和杰伊在超越所经历的惊人成功，在1995年发生了苦乐参半的转变。杰伊一直患有心脏病，一天，他在机场晕倒了，由于倒地时头部受伤，最终去世了。梅格彻底崩溃了，不过，虽然如此，她还是对他们两人共同分享的那5年快乐的时光心存感激，那段时间，他们是超越的搭档。“我们开始了这项事业，所以才能有更多的时间在一起，”梅格说，“只不过我们不知道，这段时光会如此短暂。杰伊去世时，才显出做这件事对我们来说是多么重要。”

在超越工作了仅仅4年之后，她和杰伊就达到了他们以前上万元的月收入水平。但这一次，这个收入是持续不断的剩余收入。它会源源不断，不论他们是否选择继续工作。

同超越合作的这5年，也确保了梅格在今后独身的日子里不会有任何经济方面的担忧。她现在50岁了，仍在建立自己的事业，不过她完全可以不用做了。在超越工作了仅仅4年之后，她和杰伊就达到了他们以前上万美元的月收入水平。但是，这一次，这个收入是持续不断的剩余收入。它会源源不断，不论他们是否选择继续工作。“这项事业为我的后半生带来了经济上的保障，”梅格说，“而且对后代来说也一定如此。”

交钥匙生活方式

至于超越，它接下来就成了历史上发展速度最快的电信公司。到1996年，它在纽约股票交易所上市，年销售额增长到14亿美元——比前一年增长了两倍。超越在跟随第四波的浪潮中，不断前进，扩展自己的产品范围。它提供的服务除了住宅和商业长途电话服务，还包括寻呼服务、电话卡和上网服务。特鲁特预测，电子服务也不会落后太多。超越在1998年与一家加拿大环球电讯公司

(Teleglobe) 合并，现在它属于一家集团大企业，年销售总额大约是35亿美元——是北美洲的第四大长途电话公司。

今天，梅格非常高兴她选择了以交钥匙的方式经营自己的事业。她的虚拟公司拥有上万名夜以继日、不断工作、无需任何监督的超越经销商。甚至，当这些经销商发展自己事业的同时，也在使梅格越来越富有。梅格非常喜欢在《华尔街日报》上看到有关超越合并和兼并的消息。但是，她更喜欢把报纸合起来，舒服地坐在她位于索萨利托市的房屋内，将金门大桥的全景尽收眼底。当她思索超越在全球市场上的冒险经历时，不禁沉醉于这样的一个事实：是别人而不是她，必须肩负重任，经营这家数十亿美元的巨人。在梅格的内心深处，她已经接纳了“交钥匙革命”。

第十五章

科技优势

在第四波革命中，科技正是橡胶与地面接触之所在。随着21世纪的到来，网络直销也因为电信业的友好表示而被不断推进。普普通通的网络直销人就展现出对前沿科技的无比通晓，而这种技术让多数公司执行人相形见绌。他们每天都在分散的、虚幻的工作地点工作，而这对于多数经理人和组织学的专家来说，只有在书本上才能看到。

一个典型的网络直销商，在他通常的业务活动中，要与分布在全世界的成百甚至上千人联系。顾客、潜在人选和同伴们，就算他们住在马来西亚，也和住在相邻的一个城镇上一样。而且，网络直销商在招募马来西亚的潜在人选时，运用的方法和招募街坊四邻一样。潜在人选是通过邮件、广告、网站、电子邮件等方式了解这个机遇的，如果他们想要更多的信息，可以通过自动传真或电子邮件的自动回复功能，自动地取得这些信息。当网络直销商通过电话或电子邮件与他所招募的人取得联系后，他就可以指导这些人参加电话会议，或者卫星电视会议，这样，上千名潜在人选可以在公司总裁的带领下同时参加招募大会。在下级团队内部，网络直销商也通过寻呼机、移动电话、网站公告、传真、电子邮件以及语音传播等方式不断协调他们的工作。

互联网网络运作

早在几年前，精明的有心人就注意到，网络直销商在互联网的商务应用中引领潮流。就在整个美国将这个网络完全视作天花乱坠的骗局和全无实际的东西、拒绝接受它的时候，MLM经销商却正在通过网站宣传和电子邮件攻势发展下级团

> 在下级团队内部，网络直销商也通过寻呼机、移动电话、网站公告、传真、电子邮件以及语音传播等方式不断协调他们的工作。

队。“只有极少数群体在互联网上的商务事业经营得很成功，网络直销商就属于其中之一。”约翰·弗格早在1996年就这样评述过。弗格是MLM行业期刊《上级》和《网络直销生活方式》的元老编辑，他指出：“那儿的人仅靠上网，就建立了由1500至2000人组成的下级团队。”

1996年的真实情况在今天变得更真实了——许多巨型订单就可以说明这个情况。“网络直销商紧盯着每一个优势机遇不放，”菲斯·鲍普康恩说，“以后，也会越来越多地从网络的角度来看待问题。他们最善于接近作茧自缚的人，而今天，许许多多作茧自缚的人在互联网上。”

根据雅芳网络直销计划的负责人沃尔特·布拉茨洛（Walter Bracero）的介绍：“MLM是有关网络运作的，今天，可能再没有比互联网更快的方式来搭建起一个网络了。我们现在非常看重互联网上的杠杆。”雅芳已经在这个方向开了一个好头，根据《计算机世界》的统计，Avon.com在1998年位于零售业网址的榜首位置。甚至连“美国在线”的MLM留言板也成了招募活动的温床。

MLM在线

许多网络直销公司都在互联网上开办了零售商店。例如，安利Quixtar.com上铺展开来，这是一个虚拟的购物中心，销售来自不同公司的数千种商品和服务。要想在Quixtar上订货，顾客只需输入他们介绍人的识别码（PIN），介绍人就可自动获得佣金。像全球因特网营销（Worldwide Internet Marketing）（www.futurenet-online.com）这样的公司，不仅通过自己的网址销售产品，还销售顾客在接入这些网址的过程中所需使用的网络电视装置。大行星提供的是一种一应俱全的成套商品包，包括互联网接入、网站建设培训以及网站管理。

有一个网站发展非常迅速，它就是由克雷格·温勒洪（Craig Wennerholm）和他的搭档们在1997年开创的MLM.com。其论坛提供大众聚会，让那些有想法、有主意、有意见的人来分享有关网络直销的信息。网站的访客能够得到及时更新的MLM公司股票价格、企业公告和其他消息。MLM.com在它创办第一年年底的时候，就已经由于广告销售而打破纪录，超出了运营成本，并且每月以10万次的点击率在创造利润的过程中稳步发展。温勒洪认为网络直销商在互联网商务上继续保持领先地位。“回到1996年来看，那时MLM营销商大多将网页看作电子小册子来使用。现在，我们看到越来越多的公司在使用电子商务。它已经成为一种互动工具，用来处理订单和新申请，查询有关客户信息的数据库，甚至还可以通知人们将要发生的事情。我认为，这才是这个行业应该发展的方向。”许多公司已经可以让经销商通过网站获得关于他们的销售额以及下级团队图谱的最新信息。

技术解放

所有这些高科技进步，已经对网络直销商的日常生活产生了巨大影响。例如，MLM 老手迈克尔·S·克劳斯现在还记得过去那种糟糕的日子，那时候，他经常要将一半的时间放在电话上，就像一个电台，不断地向人们转告新产品信息。迈克尔还记得，每当从总部传来通知，“我和我的太太都要和下级团队中的每一个人在电话上说20 分钟。”后来，迈克尔加入了一家名叫“人民网络”（The Peoples Network，TPN）的公司。这家公司位于达拉斯，为私营卫星电视网络“成功频道”销售订阅单。公司里几乎每一个经销商都有一个圆盘式卫星电视天线。在大多数时间里，“成功频道”播放由自立专家主持的励志节目，例如博恩·崔西（Brian Tracy）、杰米·罗恩（Jim Rohn）、奥格·曼狄诺（Og Mandino）的节目。不过，真正吸引人的是每个星期一晚上TPN 总裁杰夫·奥尔森（Jeff Olson）的讲演。从新产品和特别奖励，到培训事项、大会和酬劳体制的改变，所有内容都可以在这些节目中找到。它们大大解放了上级领导者们，譬如说迈克尔，这些人再也不必整天打重复的电话了。

最终的考验

对迈克尔和其他TPN 领导人来说，卫星传播极大地改善了生活的质量。他们终于能够安稳地消化自己的晚餐，不用急急忙忙冲到办公室里开始每夜的电话马拉松了。他们终于可以出城呆几天，回来时也不会发现语音信箱里塞满了来自下级团队的痛苦询问。连寻找潜在人选的工作也变得简单多了。他们用不着将这些人拽到宾馆的会议室里，而只需邀请他们在星期一晚上安详地坐在自家客厅里，收看TPN 的销售活动。在过去，迈克尔在大多数时间里感觉自己像一个机器人，一遍遍重复同样的、令人厌烦的、过时的销售咒语和公司公告，直到喉咙变得完全沙哑。现在，他已经成为真正的人了。他完全可以将注意力转向网络直销商的真正工作职责——建立网络，一次建立一个关系，帮助下级团队提高销售额。

这都令人感到欢欣鼓舞。但是，对TPN 创新方法的真正考验还在后头。1998年9 月，这个公司进入了一场危机，其严重程度足以让许多MLM 公司走到毁灭的边缘。不过，它那尖端的通讯技术赋予人民网络以巨大的能力，让它不仅能够经受住危机的考验，而且还能在危机中茁壮成长。

第十六章

紧密连线的下级团队

这次会议是以极其严肃的语调开场的。律师提醒在座的每一位，他们是已经签了保密协议的。他警告说，如果哪位把即将讨论的事情泄漏出去，按照联邦安全法，这个人将会被起诉并且蹲监狱。“当我们听到这些话以后，就知道这些家伙是认真的，”迈克尔·S·克劳斯说，他是参加会议的TPN经销商中的一位。

那是1998年9月，还有3天时间，人民网络就要在达拉斯召开年度大会。迈克尔等两百位领导人都是接到特殊的预先简令而被召去的。每个人都知道TPN总裁杰夫·奥尔森准备做一个非常重要的宣告，不过，多数人认为，这顶多不过是一个新产品的发布。没有人猜到正在发展中的真实情况：他们已经为之奋斗建设3年多的公司就要不存在了。

棘手的问题

TPN正处在被另一家公司归并的过程中，杰夫·奥尔森宣布说，这家公司再也不会作为TPN存在下去。实际上，“人民网络”将要被一家预付法律服务公司（PPL）兼并，这是一家位于俄克拉荷马州阿达市的网络直销公司，它向法律客户销售一种类似于医疗保健组织（HMO）保险单的产品。TPN的产品将被停止销售，而它的经销商也将变成PPL的业务代表，它的“成功频道”也将交给PPL。“我当时惊讶无语，”迈克尔回忆说，“在几乎4年的时间里，我把自己的心血、汗水和努力全都投到了TPN上，我已经拥有一个5000人的组织，万一他们听说这个消息以后全都不干了，我该怎么办？我该如何对我的太太和孩子们说？我该如何支付那些账单？”

迈克尔并不是唯一这么想的人，愤怒和疑惑的情绪横扫了整个会议室。归并，在网络直销商中，是一个棘手的问题，一旦基层经销商不支持归并，下级团队便会在一夜之间灰飞烟灭。迈克尔招募的人之所以加入 TPN，就是为了给励志电视网络销售订阅单。他们为什么要突然转向卖法律维护计划，难道仅仅因为是迈克尔叫他们这么做的吗？就算别的都不用考虑，这个磨损率似乎也太惊人了吧。要么是这条路，要么是另一条路，迈克尔和其他领导人都知道，他们下级团队的命运如何，就将在 72 小时以内决定，到时候，兼并的消息会在全体大会上公布，他们就像是等待死刑宣判的罪犯一样，一天天数着剩下的日子。

直觉对抗现实

恰恰相反，这次兼并对 TPN 来说是天赐良机。如果这个公司没有和 PPL 达成协议，它也不得不找另一家具有类似条件的合并伙伴。冷静、确实的商业运算需要这么做。从“成功频道”订阅销售中所获得的佣金，永远不足以填饱 TPN 庞大的、不断增长的下级团队。奥尔森已经加入了广泛的“洗液和试剂”商品类别——维生素、减肥产品和护服品，但即使这些产品，也无法提供 TPN 销售代表所渴求的神奇子弹——一种很容易销售，并能确保佣金不断的产品。

迈克尔和其他领导人意识到，PPL 有能力填补这个空白。但是，他们手下的人会接受这个决定吗？如果有什么风吹草动让他们得到了错误信息，这些经销商就会成群结队地逃离这些公司。在这场争夺 TPN 下级团队人心的战争中，事实将会证明，直觉比现实更重要。“我们已经在自己经销商的心目中灌输了这样一个坚定不移的理念，TPN 就是正确答案，”上级领导亚特·乔纳克（Art Jonak）说，“他们都认为，这个公司会永远屹立不倒。”当他们发现事实并非如此的时候，那种震惊感和背叛感很可能变成歇斯底里。

正式陈述

奥尔森带着舞台监督人的技巧，一步一步控制着这个公告的宣布。每一个细节都出于心理效应的原因而再三权衡。在全体大会之前，奥尔森已坚决要求每一个领导人都要打电话力邀他们的经销商来参加这个大会，他希望有尽可能多的人来现场听讲。两百位高层领导人已经事先了解了大概情况，并且在大会召开之前有 3 天时间消化这个消息。公告的大概内容将在大会开始那天宣布，随后，在大会结束之前，普通经销商将会有 4 天的时间在内部讨论、辩论这个消息。

这个公告的宣布过程本身，就被处理得像给孩子带手套一样小心翼翼。首先，由奥尔森本人发布这个消息，乘机利用他所建立起来的所有信任（毕竟他带领这个公司同甘共苦长达 4 年之久）。在这个过程中，奥尔森将承受大家的愤怒和沮丧所带来的压力。只有当最初的震惊过去以后，正式陈述才会真正开始。奥尔森已经做好准备，全力以赴来应对这部分演出。一队 PPL 的重要人物将走上讲台，向大家解释这个兼并伙伴的巨大市场和金融势力。公司创始人即董事长哈兰德·C·史通西弗尔（Harland C. Stonecipher）是主要的焦点，其次，还有总裁威尔伯恩·史密斯（Wilburn Smith）和财务总监兰迪·哈普（Randy Harp）。TPN 经销商将会享用 PPL 顶级鼓动者和鼓励人所带来的全面的公司简介。

真相大白的时刻

可以预料，大家对这个宣告的反应会非常激动。当杰夫·奥尔森宣布兼并的消息之后，愤慨横扫了整个大厅。“凡是你能想象到的情绪，这里都有，”迈克尔说，“从流泪到愤怒，再到果真迈步走出大厅。这完全就是一个突然的打击。”但是随后，哈兰德·史通西弗尔走上讲台，人群变得鸦雀无声。摄像机转了起来，为“成功频道”进行录制，史通西弗尔清了清嗓子，开始讲述他的故事。

> 自 1993 年以来的 5 年间，在利润增长方面，PPL 一直都在美国证券交易所名列第一。

他说，这一切都要追溯到 1969 年。那一年，他遇到了一次正面碰撞的交通事故。史通西弗尔的保险负担了车辆和医院的费用，但律师费需要他自己掏腰包。“正是这件事给了我灵感。”他后来在《成功》杂志 1997 年 7/8 月刊的采访中回忆道。作为保险推销员的职业敏感让他意识到，中等收入的人需要一种保险来负担不可预料的法律费用，就像他们需要健康保险一样。1972 年，他开办了一家新公司，提供这种服务。

这个公司就这样从容不迫地启动了。自从 1982 年引入一种 MLM 酬劳体制以后，仅在 1 年的时间里，销售额就从 400 万上升到 800 万。但是，PPL 仍然苦于长期的现金短缺情况。直到 1992 年，史通西弗尔才解决了这个问题，就是让 PPL 的股票在美国证券交易所上市。成功接踵而来。

自 1993 年以来的 5 年间，在利润增长方面，PPL 一直都在美国证券交易所名列第一。《财富》杂志也在 1997 年的排名中将 PPL 列为美国第 29 名发展速度最快的公司，其收入达到 1 亿美元左右，而《福布斯》在 1998 年 11 月的美国 200 佳小公司排名中，将这家公司列为第 5 名。PPL 自 1999 年 5 月开始，在纽约股票交易所上市。

毫不费力的销售

促进PPL 成长的，正是一种非常适于销售的产品。每年提出的诉讼都超过1亿，人们被起诉的可能性是住院的3 倍，三分之二的成年人仍然需要写遗嘱，在这样的一个社会中，对法律建议的需求是不言而喻的。但是，中等收入者很少有人负担得起这个费用。这同HMO 很相似，PPL 将律师服务带到了普通人能够接触到的范围之内。只需要不大的一笔费用，它就会通过一个由预先认可的法律公司组成的网络来提供全面的法律服务。

迈克尔·S·克劳斯立刻看到了这当中所蕴含的潜能。在销售人民网4 年之后，他厌倦了逆流而上的挣扎。“成功频道”依靠它激励人心的超级明星阵容，令人激动，魅力四射。但是，只有坚定的个人发展的中坚分子似乎才愿意在这方面投资。洗液、试剂也在销售，但是它们面对的都是激烈的竞争。在现有的MLM 公司当中，超过90% 的公司都在销售类似的产品。在PPL 中，迈克尔看到了一种产品，一种能让艰难的事业变得有意义的产品。“这种产品你都可以卖给自己的母亲，”迈克尔说，“而且，不论她是70 岁还是50 岁，她都会看到其中的价值所在。”

流言工厂

在大会召开的第一天，大家的情绪一直很激愤，不过到晚上，情况似乎变得比较明朗了，许多经销商愿意接受这种新产品。现在，TPN 将要面对真正的挑战了。如何才能接近那些一直都呆在家中、占绝大多数比例的经销商呢？兼并的消息一宣布，在短短的数小时之内，新闻稿就要涌向媒体，新闻报道将会激起流言工厂的泛滥，电话也要响个不停。

放在几年前，这样一种信息差距足以摧毁一家MLM 公司。网络直销商都依赖一传一的电话联系，以及打印出来的业务通讯，获取他们所需的信息，所以通常只能通过小道消息来了解公司的决策，而小道消息中更多的是谣言而非事实。等可靠消息从总部慢慢传下来的时候，早在数天甚至数周以前，许多人就已经退出了。不过，人民网络拥有21 世纪电子通讯基础设施的优势，它那先进的内部联络方式，完全可以将自己拯救与水深火热之中。

自动化游说

迈克尔·S·克劳斯从会场回到家中，一路上都做好了心理准备，要开始一场轰轰烈烈的游说工作。他的语音信箱可能会塞满惊慌失措的留言，大家都想知道，到底发生了什么事。也许到深更半夜，还得满口甜言蜜语，或者和人争论。

但是当他走进位于西雅图的家中时，迎接他的景象让他大吃一惊。语音信箱中的留言大都是积极的。“大家都在说：‘哇，这看上去是一件非常棒的产品！’”他回忆说，“他们已经了解了事情的原委。”实际上，大会陈述24小时之后，成功频道就已经转播了。迈克尔的下级伙伴们完全清楚PPL是谁，也知道这次合并对他们来说好处在哪儿。许多人已经注册为PPL的经销商了，都是通过一个自动传真号码得到申请表的。

当然，其他的经销商就没有这么满意了。他们大多数都没有圆盘式卫星电视天线。“对每个人通电话、讲明情况要花长达1个小时的时间，”迈克尔说，“他们要经历情绪发展的每个阶段。如果早能让他们连上卫星，要我付出什么都愿意。那样，我的工作会轻松得多。”

虚拟的家庭

紧跟而来的，是长达两周的大规模电子关怀。TPN的转播每天晚上都对兼并活动进行最新报道。在整个北美洲，东部时间每天晚上8点，数万名TPN经销商聚集在他们的电视机前，了解公司的最新动态。“平均来看，每个人似乎都需要大约5天时间来经历这种种情绪，直到最后变得积极起来，”迈克尔回忆说，“我们那些参加大会的人，在这5天之中是和自己的朋友们围坐在一起。那些呆在家里的人，周围也是TPN大家庭，不过是在电视上。杰夫·奥尔森每天晚上都出现，双眼正视摄像机，正视他们的眼睛，陪着他们一起走过。”

迈克尔将这个经历比作戴安娜王妃逝世的那一天，那时，数十亿人都集体沉浸在伤痛中，看着电视上转播的葬礼。但是，电视转播的节目所提供的，绝不仅仅是精神上的支持，它们还对兼并所带来的业务以及机构上的混乱状态给予实际指导。“运行过程中的每一个小故障都做出了解释，也提供解决方案。”迈克尔说。电视转播指导TPN经销商经历了复杂的转变过程，从销售卫星电视到销售法律服务，它们自身还起到了销售工具的作用。经销商邀请潜在人选来到家中观看电视转播，让他们了解PPL公司所带来的机遇，经销商自己甚至还可以同时学习。“正是这个网络教会我们如何去做。”迈克尔总结说。

窄带广播

正当公司利用卫星四处广播的时候，一个个TPN经销商也在向自己的下级团队进行窄带广播，当然，是利用电子邮件。早在这次合并之前，亚特·乔纳克就已经建立了一套电子邮件预警系统，用来将消息和信息迅速传达到手下。从公司最新动态到培训小窍门，再到招募新人的示范信，大大小小所有的事情都被迅速吹到亚特的下级团队——遍及35个州的大约2000人中。

这次合并一经宣布，仅在两小时内，亚特就发布了电子邮件广播，告知下级团队，他是百分之百地支持这次合并。“在那样的一种情景下，如果一位领导人不能在48小时内做出决定，那么，每天就会走失越来越多的手下，”亚特说，“犹豫不决会毁灭整个经销团队。”互动性对于亚特的战略来说是至关重要的一个因素，他意识到，这些经销商必须有机会表达心中的疑惑。上百条电子邮件蜂拥而来，亚特亲自回复了每一条留言，并通知他们明天晚上参加一次特殊的电话会议，届时，亚特会回答所有的问题。“这些电子邮件可以有效地指导我，让我知道在电话会议上应该谈论哪些问题，”亚特说，“我能看出，大多数人最关心的是哪些问题，这能帮助我将会议变得更有力度、有效果。”

事实果真如此，亚特的电子邮件预警系统出来得正是时候。回复如潮水般涌来，而且这些人当中有许多已经在“美国在线”的留言板上看到了有关这次合并的流言。而亚特同下级团队之间的即时联系，使他能够切断流言，扑灭最可怕的火焰，甚至在TPN通过卫星电视节目四处宣传之前，他就已经做到了。

互相联络

互相联系有助于TPN的下级团队更加团结完整。亚特失去了大约50%的普通基层经销商。从表面上来看，这个数字似乎高得惊人，但即使在鼎盛时期，许多基层经销商也是不活跃的。“经销商来了又走，”亚特说，“但是，你事业中的核心部分还在。”亚特留住的顶级销售员、招募人员和创业者的比例，达到了惊人的85%。

由于许多经销商仍在向PPL过渡的过程中苦苦挣扎，“成功频道”不断地报道成功故事，鼓舞大家的士气。“在星期一晚上的交流演示会上，”迈克尔回忆说，“他们会带来一些人，这些人在当月得到的PPL支票从15000美元到40000美元不等。我自己的第一张支票都是我从TPN最后领到的那张支票的两倍。”许多经销商并没有如此之快地享受到新产品带来的成功，但是，卫星广播让他们看到了这些荣誉，从内心抛掉那些伤心之事。

大胆的举动

TPN控制下级团队的成功，增强了哈兰德·史通西弗尔最初的直觉。多年以来，他一直非常羡慕像Primerica和TPN这样的网络直销公司，它们可以利用卫星网络来训练、协调自己的下级团队。TPN的销售大军，几乎都配备了Primestar卫星服务，它就是“联络革命”这顶皇冠上的宝石。“在这个领域里，没有任何一家其他的直销公司能在总裁和每一位经销商之间建立这样的一种卫星联系，”杰夫·奥尔森在1996年自豪地说，“这是史无前例的。我们有自己的制作设备、自己的卫星上行系统、自己的传输设备。我们有一个私人的摄制室，就在我办公室隔壁，所以，我可以一周7天、一天24小时，任何时候走进去，打开录像机，向大家讲话。”

史通西弗尔很希望同自己的销售大军也能建立这样一种关系，实际上，他被奥尔森的系统深深吸引了。他做出了一个大胆的、冒险的决策，支付PPL的100万份股票来购买它——哪怕这个冒险系数高到整个TPN经销商团队都在这次交易中消失的地步，就是只给PPL留下“成功频道”，他也不后悔。史通西弗尔知道，就靠这个频道，他那拥有14万经销商的巨人公司就能配上互相联络的装置，而他要想在21世纪的市场上繁荣昌盛，这是必不可少的。

坚持到底

史通西弗尔永远都是一个卓有远见的人，所以，当他的收购消息传出、PPL的股票开始猛跌的时候，他并不害怕。“PPL本月初对人民网络及其在Primestar上的成功频道的收购行为，致使其股票价格一落千丈，跌到年度新低的14美元……”1998年10月19日的《日志记录》(the journal record)报道说，“在这笔交易中，公司的发展方向似乎有些问题。”

> 他知道，电子联络就是网络直销团体的血脉，这一点甚至连华尔街的分析家们都不知道。

一些人已经产生怀疑了，但是，史通西弗尔仍然抱着坚冰般的信念。他知道，电子联络就是网络直销团体的血脉，这一点甚至连华尔街的分析家们都不知道。“我们只是做了一直以来都在做的事情，”当史通西弗尔面对股票下滑的时候这样说，“我们即将以非常快的速度成长，而且，大家都将理解我买下这个频道的原因，它让我们能够同自己的销售力量进行直接交流，而且天天如此。”

互动的未来

在合并后的几周内，随着PPL销售业绩的迅速攀升，华尔街专家的那些危言耸听的预言也渐渐消退了，而它的股票价格也反弹到了每股 30 美元。TPN 经销商的加入，为这股销售力量带来了新的能量。“在 1998 年 10 月的最后一天，”迈克尔回忆说，“我们创造的业务量多于 PPL 自创建以来 25 年中的任何一天。它就像一场海啸。那些来自 TPN 的新手们收看这个频道，理解这个产品，整理文字资料，然后开始工作。他们一直是左右逢源，许多人同他们签订了购买协议。这是我经历过的最简单的产品销售。”由于 PPL 不断推广，努力让自己的下级团队全都配上卫星天线，接收来自 Primestar 的直播电视，那些过去的 PPL 经销商也开始加快脚步，追赶这些来自 TPN 的新人。

像 TPN 这样的卫星节目只是开始。随着第四波革命的不断推进，新技术一定会让每一位下级团队中的伙伴都能接触到廉价的电视会议。斯图亚特?约翰逊的那家位于德克萨斯州达拉斯湖的 Video-Plus 公司，就在向 MLM 公司销售通讯产品和服务，他相信，未来的网络直销商会通过互联网接受实时的公司录像，内容涉及培训课程、公司公告以及机遇大会——就像他们正通过昂贵的卫星转播获得这些节目一样。

“只要有更多的宽带就行了，”他说，“它只需要将调制解调器和更高速的 DSL 电话联在一起。现在，在 1 亿个家庭中只有一两百万拥有这个技术，但是，在接下来的两年中，这个数字将飞速增长。”到那时候，不用说，网络直销商一定会在这场录像革命中站在前沿，向下级团队传递好消息，达到最大化的互动程度，获得爆发式的销售增长。

第十七章

第四波是什么？

我们在前面已经谈到了许多有关第四波革命的事情以及它对美国企业的影响，但是，准确地说，到底第四波是什么呢？在本书的第五章中，我们对网络直销发展过程中的四股浪潮做出了如下定义：

第一波（1945年-1979年）——地下阶段
第二波（1980年-1989年）——激增阶段
第三波（1990年-1999年）——大众市场阶段
第四波（2000年以后）——全球阶段

在前三波的发展过程中，网络直销处于成长繁荣的阶段，不过，它总是保持着一种反传统文化的形象，网络直销商在企业主流中没有立足之地，不论是在《金融日报》，还是在华尔街分析家的报告中，都看不到他们的身影，不论是在企业的会议室里，还是在商业学校的座谈会上，都没有人提及他们，他们的世界是一个独立的世界。

但是，随着第四波革命的到来，MLM从与世隔绝的环境中脱颖而出了。今天，众所周知，它是一种合法的市场营销工具。它的成功也在商业新闻界中得到了关注，越来越多的普通大众都将MLM视作朝九晚五上班模式的一种现实的替代选择。简而言之，网络直销已经加入了主流社会。当越来越多的公司让步于大众私有化的分散力量时，我们处处都能感受到MLM的影响，从华尔街到各个小镇，它贯通整个商业世界。

第四波的方式

同过去的MLM公司不一样，现今的第四波企业完全融入了整个经济。他们通过MLM的经销高速路运送商品和服务，为财富500强提供至关重要的服务。面对不断裁员而终日忧心忡忡的劳动大军，也变得越来越胆战心惊，第四波企业也为他们提供真正的就业渠道。对于那些付出全职努力的人，他们提供了一份赖以生存的薪水；对于那些付出兼职努力的人，他们提供了一份合理的收入；而对于那些野心勃勃、动力十足的人，他们提供了真正无限的创收力量。

过去那些简单的MLM体制，也许诺过这些，只是，太多太多次了，他们都没能兑现。第四波企业已经将梦想变成了现实，多年以来，在完成这个转变的过程中，他们必须在五个关键方面不断发展:

1. 互相联络
2. 无限强势
3. 交钥匙系统
4. 可持续的佣金
5. 接触要素

> ……处处都能感受到MLM的影响，从华尔街到各个小镇，它贯通整个商业世界。

1. 互相联络

第四波企业为经销商提供高科技的电子通讯手段。基层销售代表使用语音邮件和电子邮件来协调他们的活动，录像和卫星电视会议将公司信息直接带入每个人家中，经销商可以随意获得重要的数据，而这只需要自动传真服务和计算机网络信息检索。

2. 无限强势

老派的“MLM迷”总是从一个公司跳到另一个公司，总是试图“抓住浪潮”，或者在一个新创办的企业中“占到第一层的位置”，直到进入“强势”——这是呈指数增长的一个永恒不变的循环。当然，大多数公司永远进不了强势的发展阶段，而进入了的公司通常很快就消亡了，一旦这个势头过去，MLM迷就像赌徒一样，永远在寻找下一笔横财。对于发展一项事业来说，这套规则实在是太糟糕了。

另一方面，第四波企业能够提供这样的机遇：让企业自始至终处在不断成长的过程中。首先，它要打开海外市场，让普通的经销商走进去，这样，基层的创业人员就可以在全球无穷无尽的领域内寻找客户。创建起来的系统使建立、维系下级团队的工作变得轻松自如，不论他们是在香港还是在美国。不断引进新产品，开创新的分支机构和商标，这也是持续发展的因素，这样，经销商永远都有新的市场去征服。

3. 交钥匙系统

凡是能够简化或者自动化商业模式，让普通人操作起来更简便的方法或程序，就是交钥匙系统。正是它构成了整个第四波企业。例如，公司直接向顾客发货，这种体制使零售过程自动化。第四波网络直销商无需堆积存货、拿取订单然后给顾客送货，他们只需要将自己的PIN码告诉顾客，顾客用它在网站上或者通过800电话号码订货，然后直接从公司得到产品。招募新人的程序也变得自动化了，可借助招募录像、卫星广播，以及安装了自动回复功能的网站来进行。许多公司还将新人的培训过程做得自动化，它们提供标准化的、由公司运作的课程，例如PFS大学。

4. 可持续的佣金

老派的MLM企业通常都向顶级领导人支付非常高的佣金，而那些层次稍低的经销商则只能得到很少的佣金。第四波企业不同，它们对酬劳体制进行平衡，这样，兼职工作的人和工作狂一样可以成功。那些工作努力、在销售额级别上上升很高的人，仍然得到较高的佣金，但是，第四波企业也让那些级别较低的人分享很大一部分利润。

5. 接触要素

你是否有过这样的经历，当你给一家电脑公司打电话，希望获得技术支持的时候，你听到的是早已录制好的声音，提示你进入某某网站去找答案，但你进去以后根本找不到答案。这个故事的含义是，自动化有着不可避免的局限性。虽然越来越多的人通过互动媒介（例如网站）料理日常事务，但人们更需要活生生的人来帮助他们解决问题。

未来学家约翰·奈斯比特将这种矛盾现象称作“高科技，高接触”。他预测说，随着科技的高速发展，大家越来越渴望真人的友好关心。网络直销独一无二地具有这种装备，能够满足这个需求，因为它是通过人类关系来传递产品的。第

> 虽然越来越多的人通过互动媒介（例如网站）料理日常事务，但人们更需要活生生的人来帮助他们解决问题。

四波经销商永远都无需担心自己会被先进的高科技取代掉，相反，第四波企业会坚持不懈地开创新方式，用高接触服务来完善高科技发展，而这些服务都是通过有血有肉的经销商来提供的。

连通性状态

在前面几章中，我们把第四波网络直销商叫作“电脑先锋”，将21世纪的、随心所欲的市场叫作“电脑新领域”。那种全新的经济模式，无疑具有高程度的电子连通性，但是，不要因此就认为，大家必须成为专业级的电脑迷。事实恰恰相反。

“简而言之，使用电脑绝对不是处理数据，”沃茨·瓦克尔（Watts Wacker）、吉姆·泰勒（Jim Taylor）和霍华德·明斯（Howard Means）在《500年三角》（The 500 Year Delta）中写道，“数据处理只是方式，连通性才是目的……传真机、调制解调器、互动电视以及互联网提供商，它们都只是方式，连通性才是目的……连通性是一种存在的状态，仅此而已。真正的目的是，当事物都互相连在一起的时候，会发生什么，当连通性自身同信息融合在一起的时候，到底会发生什么。”

黑盒

于是，数据连通性就是一种状态，正是从这个状态，第四波革命一跃而起。但是，我们没有必要都成为专家，想想苹果iMac机，这是当今市场上最畅销的个人计算机，无论它的内部结构有多复杂，都被厂方预装在一个看起来很简单的盒子里，你不用管里面是什么，只要按鼠标就行。

第四波革命就是一个黑盒——内部结构非常复杂，外表却很简单。21世纪的网络直销商不需要了解复杂的产品实现过程、网站代管服务、佣金的处理运作、外币汇兑等事项，公司会料理好这一切。网络直销商所需的不是高科技，而是高接触，包括组建和管理人际关系的能力、评价机遇的能力、利用市场优势的能力。此书后面的章节将致力于培育这些微妙的技巧。

第三部

准备启程

WAVE4

第十八章

选择公司

当你开始自己的第四波冒险旅行时，迈出的第一步将是：寻找、加入一个网络直销公司。

可是，选择哪一个呢？摆在你面前的是一个棘手的选择。数百家公司都在竞相引起你的注意，而它们当中大多数都是刚刚起步的。这些刚刚创业的企业，失败率很高——在第一年内就会超过96%（这是《网络直销内幕》的作者伦纳德·克莱蒙特斯（Leonard Clements）的估算，他是根据行业出版物的公司名单和调查得出这个结论的）。不论是网络直销行业，还是其他任何一种行业，要想让企业经营彻底摆脱风险，是不可能的。但是，如果你能依照本章内容所指出的程序来评估MLM机遇，那你就能做好充分准备，做出精明的决定。

第一步——评估产品或者服务

要想成功，直销公司必须有一种适于销售的产品或服务。它的价格必须具有竞争性，而且，最好是除了依靠网络渠道不可能获得这种产品或服务。问问自己："如果有人向我推荐这个产品，就报这个价格，我会不会买它呢？"像草本营养补充剂这样的消费产品，就比只需购买一次的盗贼报警器、滤水器这些产品要好。你的顾客用完第一瓶，还要回来再买。需要不断交费的服务，例如保险，也可以确保佣金的源源不断。寻找"改变购买"的机遇，劝说人们改变他们已经在使用的一种产品或服务的品牌，比如说，从AT&T的长途电话业

> 要想成功，MLM公司必须得有一种适于销售的产品或者服务。

务转到你公司的业务上，这可比说服他们购买某个奇特新颖的洗液或药液要容易一些，因为，对于那些奇特的东西，他们可能感觉不到有购买的明显必要。

第二步——检查行业小道消息

在线留言板，是行业留言滋生的一个丰富的源头。要想知道大家对某个公司的看法，可以登录“美国在线”，输入关键字“MLM”或“多层次营销（multilevel marketing）”，你会发现自己进入了网络直销和直销论坛。选择“留言板”，再选择“网络直销留言板”，你就可以浏览两百多个网络直销的商机，这些公司的名字都按字母顺序列在上面。你还可以张贴自己的留言，寻找特别的机遇。

要想寻找互联网上其他有关MLM的留言，登陆www.deja.com，输入你所调查的公司的名字。将有许多留言供你浏览，它们张贴在不同的新闻组里。MLM.com也提供探讨论坛。评价行业流言蜚语时，要小心假情报的迷惑。有些人会故意诋毁竞争公司，招募你加入他们。你永远都要慎重对待信息的来源。

第三步——咨询行业监督员

有三家出版物擅长客观专业的MLM机遇评估，我所钟爱的是《MLM监督员》，由罗德·库克（Rod Cook）出版发行，他是美国MLM咨询公司（www.MLMconsultant.com和www.MLMwatchdog.com）的总裁，他的联系方式是：电话（800）532-9810，美国德克萨斯州圣安东尼奥市，701125信箱，邮政编码：78270（P.O. Box 701125, San Antonio, TX 78270）。由伦纳德·W·克莱蒙特斯（Leonard W. Clements）出版发行的《市场风波警报信》，他也是《网络直销内幕》（Prima出版社，1997年）的作者，他的联系方式是：电话（800）688-4766，电子邮箱：mwave@aol.com，通信地址：美国加利福尼亚州弗雷斯诺市，北艾蒙豪大道，邮编：93722（7342 North Ivanhoe Avenue, Fresno, CA 93722）。

另外，《今日网络直销》也是值得信赖的，这是由科里·奥古斯坦（Corey Augenstein）出版发行的。每年，科里都要出版位居前10位的MLM公司排名。电话：（305）947-5600，传真：（305）947-8655，电子邮箱：coreya@MLMinsider.com，网址：www.MLMinsider.com，通信地址：佛罗里达州北迈阿密海滩市，第163大街东北3741，123室，网络资源企业有限公司，邮编：33160（Network Resources Enterprises, Inc., 3741 NE 163rd Street, Suite 123, North Miami Beach, FL 33160）。

第四步——进行媒体搜索

看看新闻媒体对你的目标公司评价如何。无需付费，就可以在图书馆里搜索Lexis-Nexis数据库。你还可以在互联网上搜索Lexis-Nexis，每天支付24美元。要想注册，登录www.nexis.com，然后在下拉菜单里选择“LN requester”。最后，你还可以通过电话进行搜索，使用Lexis-Nexis Express，这是按照小时数和打印出来的文章数量收费的。所有找到的文章都将按你的要求邮寄、传真或发电子邮件。电话：(800) 843-6476，传真：(937) 865-7418，电子邮箱：lexis-nexis.express@lexis-nexis.com，通信地址：俄亥俄州代顿市933信箱，邮编：45401-0933 (P.O. Box 933, Dayton, Ohio 45401-0933)。

第五步——查询投诉

许多政府和私营机构，都保存对MLM公司的投诉记录。这些机构包括州检察总长办公室、州消费者事务部、美国优良企业联盟（the Better Business Bureau)、联邦贸易委员会、证券交易委员会，以及位于华盛顿特区的直销协会。

在审视这些投诉时，一定要小心谨慎。许多投诉只是公司暂时存在的问题，过后就能解决。能不能解决问题，才是衡量公司道德规范的最佳指标，你不能光看投诉的数量。同样，一些机构未能区别投诉和询问，每一个打来的电话都被记录为投诉。你一定要问清楚，是否已将真正的投诉与其他类型的电话区别开了。

第六步——检查财务信息

如果你的目标公司已经在一家股票交易所上市，你的运气就不错。法律要求上市公司必须公布详细财务报告。你可以直接向该公司要一份年度报告，或者，还可以从证券交易委员会那里获得该公司的财务档案，或致电（800）234-3867向邓百氏咨询公司(Dun & Bradstreet)索取相关文件。证券交易委员会的文件档案可以从网上找到，网址是www.sec.gov。

不过，大多数网络直销公司都是私营企业，不公开，这就是说，你不得不做一些侦探工作。邓百氏咨询公司(Dun & Bradstreet)可以提供有关一些私营公司的数据，但并不是所有的。试试直接向目标公司索要利润亏损报告，大多数都会拒绝。你可以给该公司的开户银行打电话，询问这家公司是否是借贷客户，是否能按时还贷，也可以问问它是否申请了信用等级，以及是否得到了这个信用等级。你可以通过信用报告机构查询该公司的信用信息，例如环联（Trans Union)、益百利（Experian）、艾贵发公司（Equifax）。可以通过互联网获得这些报告。如果你不能上网，可以问问你的银行家。

第七步——检查诉讼史

看看这家公司及其主要高级职员曾卷入什么样的法律诉讼，如果确实有，那么，案件裁决的数量有多少？是否有州政府或联邦政府的税务扣押？信用报告会列出过去的法律判决和诉讼。要想获得相关的法律信息，也可以咨询Lexis-Nexis，或者通过Prentice Hall法律金融服务中心的客户支持网络查询，电话号码是：(800) 221-0770。

第八步——考虑公司的成长期

这家公司成立了多长时间？一些网络直销商更偏爱刚刚起步的公司，因为可以站在另一个安利的第一层营销级别上——至少从理论上说是这样的。可是，你怎么知道你要加入的这家公司就一定会成为第二个安利呢？只有很小一部分公司能顺利度过创业初的前两年，度过这两年的公司可能会，也可能不会大获成功。

即使你足够幸运，选到了一家获得“强势”（呈指数增长的爆发力，能够让它一跃进入辉煌时代）的新创业公司，你的麻烦也还没有完。增长迅速的公司，无可避免地会引起政府监督部门的详细调查。实际上，每一家大的MLM公司都经历过《网络直销内幕》的作者伦纳德·克莱蒙特斯所说的“细查阶段”，即政府或媒体的仔细认真的调查。那些幸运的公司得以逃脱一些负面媒体报道，还有一些则要花大量的金钱来解决。大多数都破产了。

简而言之，加入刚起步的公司，带有一些冒险性。同那些行业巨人在一起，虽然挣钱要慢一些，但它也更安全。就像任何行业中的蓝筹公司一样，它们往往比那些刚创业的公司成长得慢一些，但也往往是更安全的，因为它们已经通过了“细查阶段”，还挺过来了。

第九步——寻找法律红旗

在加入公司之前，你应该评估它的政府干预风险。有一些公司更容易遭受政府干预。例如，它们宣称自己的产品拥有来自异国的、奇特的疗效。遇到这种公司你就得小心，它们面对的风险是，食品药品监督局的仔细调查。同样，那些许诺拥有致富捷径的公司，或者是那些从事“前装载”的公司（强迫经销商购买大量订货），也是问题百出，它们面对的风险是，金字塔阴谋体制的调查。

正规合法的MLM公司，不会对强迫新人购买大量的产品，它们顶多要求新人购买一个启动工具包，而且以成本价（通常在10到50美元之间）。这些工具包可能包括录像带、录音带、印刷的销售宣传资料、经销商申请表、样品等。正规公司还会承诺，如果你希望退还所有的产品，它们会退给你90%的费用。它们不会担保你一定挣到高水平的收入，而是对每一位新人阐明：只有那些工作努力、卖出大量产品的人，才能成功。

如果有些公司的经销商对自己的收入大加吹嘘，你也得小心。政府监督部门经常将这样的陈述认为是企图误导潜在人选。明智的公司在处理这个问题上会更加谨慎，它们不会鼓励经销商去炫耀收入支票。

第十步——制作第四波查询清单

前面设计的九步，是用来帮助你判断目标公司是否合法、是否合理，以及经济状况是否良好的。但是，它到底是否属于第四波公司呢？它是否占据了优势位置，从而能在21世纪的经济中繁荣昌盛呢？下面这份查询清单，能帮助你区别创新企业和恐龙企业。

1. 公司有没有“连线”？

第四波企业为经销商提供打折的电信服务，例如语音邮件和语音广播服务，网络主页和上网服务，以及通过传真、语音邮件或电子邮件获取业务通讯。有些公司甚至还提供卫星电视转播和录像会议。

2. 它提供什么样的交钥匙系统？

第四波经销商应该能够获得极大范围的省力体系，包括：高品质印刷的销售资料，高品质的探寻新人录像带（最多花7美元就可以拿到）和录音磁带（不超过2美元），标准化的培训课程，用来探寻和培训新人的远程电信会议和卫星广播，通过传真、语音邮件、电子邮件或者网站获得最新的家系图表、小组销售额、即时订单确认以及公司公告，顾客购买习惯的跟踪报告，通过800电话号码或者电子商务网站（直接从厂商向顾客发货）直接满足顾客的订货需要，24小时预订，能够使用信用卡，对预订货品的数量没有最低限制，而且承诺在48小时内从仓库出货（只需额外付一笔费用就可以选择第二天送货上门），有热线电话接

> 不论一件产品或者一项服务自身有多么成功，但是，仅凭这是不太可能维持第四波企业的发展的。

听回答经销商的疑问以免你亲自处理下级团队的所有疑问。

3. 是否有对这个机遇的高接触成分?

这种产品或服务，应该自身就有助于人与人之间的直接销售。比如说，那些需要长时间解释或亲自体验的产品或服务，就非常适合第四波的经销模式。

4. 这家公司是否有长期发展战略?

不论一件产品或一项服务自身有多么成功，仅凭这是不太可能维持第四波企业的发展的。至少，公司应该已经制定了体制，准备通过产品多样化和国际扩张来引入无限的强势。第四波企业对自身的定位应该是：全球经销高速路，在每一块大陆上，为许许多多第三方客户运送商品和服务。

5. 它是否有第四波酬劳体制?

酬劳体制即公司的佣金结构，你的收入就是通过这个结构计算出来的。第四波企业所提供的体制非常平衡，既为兼职的小伙子们提供机会，也为全身心投入的创业者提供机会。在下一章内容中，你将会看到有关酬劳体制的详细讨论。

精益求精

上文描述的第四波企业，是一种理想状态。能够同时提供所有这些好处的网络直销公司，几乎没有，就算有，数量也微乎其微。如果你在每一点上都追求完美，那么极有可能感到失望。不过，你的目标公司至少应该拥有第四波的远见，显示出朝第四波方向迈进的迹象。它应该有一个准备就绪的、现实的时刻表，计划好何时让电信设备现代化、何时扩展市场和产品种类、何时改进交钥匙系统、何时平衡酬劳体制。选择目标公司时，一定要向第四波标准看齐，这样，你将发现自己的优势位置会非常有利于在21世纪的成长发展。

第十九章

了解酬劳体制

了解酬劳体制有多重要呢？根本就不重要，一些人可能会这么认为。许多成功的MLM老手都吹嘘说，他们从来不用想自己的佣金是如何计算的，把这样的琐事留给公司的电脑就可以了。他们将自己的时间和精力全都投在建立、培训下级团队上，而不是在那儿痛苦地计算奖金和佣金。

这种方式确实有其价值所在。强迫自己在薪酬体制上苦思冥想，确实会分散注意力。这些体制本身往往很复杂，要想分析清楚，需要大量的时间。而且，一旦分析清楚，大多数情况下你会发现，一个体制最后看起来和另一个一样好。“酬劳体制设计无疑是这项事业中最偏重于理解的方面，”《市场风波》发行人和《网络直销内幕》的作者伦纳德·克莱蒙特斯说，“世上有无数种方法能够让一项体制在纸上看起来比其他的体制更有利，但实际上，它并不比别人多付一分钱。”

简而言之，酬劳体制之间的区别已经被过分夸大了。不过，肯定会有一些比其他的体制更大方。我们可以非常放心地打赌说，只要你认真工作，任何一家正规的、拥有成功记录的、正在成长的公司，都会有一份体制确保你成功。那么，究竟为什么还要自寻烦恼去分析酬劳体制呢？

抵制虚假宣传

一个原因就是自卫。如今，每一个网络直销商都要面对来自竞争公司虚假宣传的狂轰乱炸——它们大多都围绕酬劳体制这个问题。互联网上充斥着许多MLM招募新人的广告，许诺有更简单、更慷慨的薪酬体制。看上去都相当诱人。如果你初来乍到，谋求自己的第一份机遇，那么，极有可能受到诱惑，仅仅因为一家公司许诺了更好的“酬劳”，你就加入进去，结果发现它产品劣质，管理懒散，销售平平，银行账户空空。

即使是经验丰富的网络直销人，也会面临风险。假设你与某家公司已经建立了长期的、稳定的关系，你可能会炫耀说，自己对虚假宣传的酬劳体制已经有了免疫力。或许你的确拥有免疫力，可是，你的下级团队怎么办呢？当你的潜在人选向你征询意见，说某个竞争公司声称它的体制比你们公司的要“更轻松”时，你该如何对他们说呢？许多领导人都是一时疏忽，被这样的问题难倒了。

“我生活中的每一天，都要受到来自其他公司的吹牛推销，”友瑞公司（Neways）的凯琳·吉本斯（Kalyn Gibbens）（她的故事将在第28到29章中提到）说，“而且，我下级团队中的人也会受到这样的吹牛推销。我一定要保证，教会我的人都明白薪酬体制是怎么回事，这样，当有人试图说服他们相信另一种体制时，他们知道该如何答复。”

选择酬劳体制的六条标准

要想看穿这些虚假宣传，并不需要在酬劳体制专业获得博士学位。掌握一些简单有效的原则就足够了。衡量某项体制的时候，只要比照下面列出的这些标准，就会对它的优势劣势一目了然。

1. 机构的潜在大小

你的MLM组织是朝两个方向成长发展，即水平的和垂直的方向，也就是宽度和深度。一定要准确地发现，在下级团队的宽度和深度两个方面，都有什么样的因素在限制酬劳体制。深度，也就是你可以抽取佣金的层级数。宽度，就是你可以置于前线的人数。矩阵式和二进制式的体制限制你的宽度，而所有其他体制都允许无限发展的宽度，只是将你的深度严格控制在某个层数以内。在计算深度时一定要仔细，可能会有两个体制都向你宣称，它们允许计算六级，但是，仔细地看一看，你可能会发现，一种是单级式（在六级以后就完全冻结你的佣金提取），另一种可能是楼梯式／分离的（允许你在某种情况下从两倍如此多的级数里提取佣金）。在下文中，你将会看到更详细的说明。

2. 资格条件

为了有资格获得佣金和奖金，你可能需要每个月以批发方式购买一定数量的产品，这就是你的最低个人数量要求。如果想有资格取得某种佣金级别，大多数体制还要求你每个月再定购额外的产品。要弄清这些资格数量是多少。如果必须购买的产品数量超过你能销售的数量，你会感到压力重重。如果你的级别过低，下级团队中的伙伴可能会积极性不高，不想销售产品，而只想每个月购买自用的数量。一些体制还有这样的要求，在你可以获得更高级别的佣金以前，你必须发展一定级别的、一定数量的经销商，而且，这些经销商自己也完成了某个指定的任务。如果你不期望碰到挫折，一定要确保这些招募目标是现实可行的。

3. 前端还是后端?

一些体制的佣金偏重于后端，而另一些偏重于前端。前端，即这个体制中更高级别的、更早期的部分。这些通常都是你最早招募的人。如果你从早期的这些人身上获得更高的佣金，那就意味着你赚钱的速度更快、更容易。后端，即指更低的级别，通常都是最后加入你组织中的人——那些由你招募的人所招募的人，等等。传统的体制都将最高的佣金定在最低的级别上，这就意味着，你不得不工作得更久一些、更努力一些，才能真正获得大笔的佣金。

> 但实际上，对那些勤勤恳恳、组织发展深厚的工作者来说，更高的后端佣金会带来许多优势。

乍一看，选择更快、更容易的佣金方式，似乎合理一些。但实际上，对那些勤勤恳恳、组织发展深厚的工作者来说，更高的后端佣金会带来许多优势。因为，正是这些较低的级别——你最先招募的人所招募的人所招募的人所招募的人所招募的人所招募的人——往往是数量最庞大的，正是在这些级别的最底端，呈指数增长的全部爆发力才正式开始。欲知详情，请向下看。

4. 支出

每家公司都对支出做出了一定量的规定，拿出销售总额的一定比例，作为经销商的佣金“支出”。聪明人士通常认为，支出越高，公司就越好。但是，支出的钱越多，公司留下的就越少，利润也就越低，这一点一定要在心中铭记。如果一家公司的支出非常慷慨，它可能会面临现金流的问题。要是在破产的边缘摇摇欲坠，那么，再高的佣金也无济于事。公司的销售总额和整体经济的健康状况，远比支出比例重要得多。

“零的 75% 还是零，”《网络直销内幕》的作者伦纳德·克莱蒙特斯说，“一家酬劳给得多、销售量却很差的公司，与一家酬劳较低、销售量却蒸蒸日上的公司相比，根本算不上是一个好机遇。”有一点也要铭记在心，有一些公司之所以能提供较高的酬劳支出，仅仅因为产品的价格被涨到了出奇的程度。一瓶洗发水销售25美元，这样的公司很难找到顾客，不论它用高水平的前端佣金吸引到多少经销商，也无济于事。

5．缺口

根据克莱蒙特斯所说，没有一家公司能真正支付超过60%的支出——也就是说，每批发销售出1美元，就给60美分的佣金。如果它给得比这个数字更多，那么，它就会面临破产的危险。当你听到有些公司能提供75%或更多的酬劳支出时，完全可以确定，它们的体制中有缺口。

缺口就是公司许诺支付的与实际支付的酬劳之间的差别。大多数酬劳体制中的难懂条款都会包含一大堆巧妙规定，目的就是为了在某些情况下减少你的佣金、提高你的资格条件，或者使你的部分销售量失去资格。

例如，大家很自然地会认为，你的组织所产生的全部销售量，都应该算作你每月的配额。但事实果真如此吗？许多公司只计算他们所谓的“未保留”量，而这指的是来自你个人团体的销售量，而那些与你脱离的人的销售量，不计算在内。然后，还有些公司会把你的实际销售量解释为所谓的“奖金量”——通常比真实的销售量要少（比如说，700美元的奖金量相当于1000美元的批发销售量）。到了计算每月配额的时候，他们使用的数字是奖金量而非销售量。

通过惩罚措施，还能产生更大的缺口。许多公司为不能完成配额的行为制定了严厉的惩罚措施，在你不能完成配额的第1个月，有些公司可能会让你降级——甚至降到最低的等级。而那些更宽厚、温和的体制，会在降级之前给予长达数月的机会，让你的销售量恢复。而且，有些体制更加仁慈——根本就没有降级。

有件事一定要记住：这种缺口天生并没有错，其实只是一种广告手段，让酬劳体制看上去更有吸引力，这就好像零售商将商品定价为9.99美元，而非10美元，显得更便宜一些。一定要清醒地看到公司真正的支出（除去缺口以后），不要理睬它吹嘘的支出（缺口以前的）。只有这样，你才能做出可靠的判断。

6．体制类型

在网络直销的商业世界中，你会反反复复地遇见四种主要的酬劳体制，每一种都有利有弊。它们是楼梯式／分离式、矩阵式、单层式和二进制式。在下文中，我们将探讨、比较这些不同的体制。

第四波酬劳体制

1994年5月，《上级》杂志的主编约翰·弥尔顿·弗格对我进行了采访，就我刚出版的那本书《第三波》问了一些问题。在采访过程中，他提了这样一个问题："理查德，还有没有第四波？"我回答说："我认为，网络直销下一个新领域将会涉及酬劳体制的问题，到时候，每个人都会意识到酬劳体制也能进化发展……那些工作适中的普通基层经销商，能够得到更多的钱。"

在那个时候，我提到的事实正是，越来越多的公司开始对他们体制的前端支出更高的佣金——也就是对更高层的经销商。正如我上文所述，这种安排能让许许多多的人更容易、更快地挣到钱——尤其是那些小家伙，他们所能招募到的人可能永远都无法超过那么几个。

我非常高兴我在1994年5月的预言得到了时间的验证。MLM公司中已经出现了一种很明显的趋势，那就是，为高层的经销商提供更为慷慨的佣金。实际上，很难找到一家网络直销公司在过去的这几年中没有对它的体制压力进行减轻，多少都有一些变动。

酬劳体制的第一定律

一些公司已经将这条原理发挥到了极致。它们并不为高层的佣金仅仅增加几个百分点，而是将几乎所有的佣金都放在最高的两层上，留给下面几层经销商的所剩无几。乍一看上去，这似乎是一种合理的措施。如果"更容易"的体制就是未来的潮流，那大家为什么不一拥而上，都让自己的体制变得无比轻松简单呢？

我也希望事情能如此简单！不幸的是，世界上一条无情的定律——我们姑且称之为"酬劳体制的第一定律"——似乎是这样认为的：你在酬劳体制中建立起的每一个有利条件都会同时带来一个不相上下、却完全相对的不利条件，这一点在下面几节的叙述中会让人一目了然。

压缩体制

在所谓的"压缩体制"中（这所指的是将大量佣金压缩到最高几层），有利条件是显而易见的：你可以从最先招募的那些人身上获得更多的钱。但是，不利条件也同样显而易见：你从后招募的那些人身上获得的钱要少一些。

比方说，你工作非常勤奋，经过数月或者数年的努力后，建立发展了一个下级团队，深达许多层。现在，做个这样的假设（一种理想化的状态）：你最后发展起来的团队中，第一层有3个经销商，第二层有9个，第三层有27个，第四层有81个，第五层有243个，第六层有729个，等等。那些更加极端的压缩体制，可能会让你从最早的12个人身上提取相当大比例的佣金，从第三层的27个人身上所提取的就要少得多，而对于后面剩下的几百个人，你能提取的就微乎其微了。简而言之，你无法从下游的呈指数增长趋势中获得好处。

一些公司为了解决这个问题，在那些更深发展的级别上设立奖金。这确实能有所帮助，但我们必须承认：在发展如此之深的组织中，你显然拥有这样的有利条件，即从下游的团队中提取更高的佣金。一些人可能会说，众多的MLM经销商完全没必要为下游担心，因为大多数人永远不可能成功地建立起深达两层以上的组织。事实可能果真如此。但是，网络直销公司都是因为领导层而繁荣昌盛，那些潜在的领导者如果希望建立一个庞大的组织，那么，在他们下定决心放弃从下游身上挣钱的权力时，一定要三思而后行。

第四波神话

令人遗憾的是，一些网络直销人近来开始宣称，压缩体制就是本书的作者——理查德?坡所确定的“第四波”酬劳体制中的唯一一种MLM体制。现在我来纠正这种论调。

首先，我从未说过，一个公司的“第四波”身份完全取决于酬劳体制。在1994年出版的《第三波》中，有一章被称作“第四波和第四波以外”，其中对第四波革命有一个非常清楚的定义：它是营销技术的巨大突破，与之伴随的还有互动媒体。第四波革命涵盖了一系列发展，从互联网营销到产品多样化战略。酬劳体制的减轻是这场革命中一个非常重要的部分，但它只是一部分。

说得更确切一些，我从未明确地规定，MLM公司的某一层或某几层的下游级别上应该赋予多少比例的佣金。很显然，我没有责任制定如此精确的规定。在这个行业中，的确存在争执，而且争执还大有空间。在这个行业中，酬劳体制改革创新的长期结果通常也无从得知。

微妙的平衡

我能说的，也就是一直以来我经常说的，就是，21世纪的整体发展趋势都瞄准了更容易的体制。但是，这些体制到底该变得如何容易，应该说是成了一个难题。大多数专家都一致认为，最好的体制走的都是中庸之道，介于昨日那种繁重的配额、极其微小的前端佣金和今日这种过于注重上层的压缩体制之间。“我预测，最终我们将目睹回到中庸状态的调整，”《今日网络直销》发行的1998年至1999年《年度最佳企业》中写道，“薪酬体制设计者要开始将巨大的第二层转移一部分到第三和第四层。”简而言之，克莱蒙特斯所倡导的是“中间重”的体制。

我完全赞同。我认为，第四波酬劳体制必须在前端式和后端式佣金之间提供一个微妙的平衡——向兼职工作的人也转移一部分利润，同时，为了吸引全职的创业者，也为他们提供足够丰厚的奖励。毋庸置疑，出现在大家面前的许许多多、各式各样的体制都能带来这些好处，决不单单是某一种类型。第四波酬劳体制是一种理想状态——并不是一套精确的公式。读者必须自己权衡每一种体制的利与弊，从而判断哪种最适合自己的要求。这一章内容的作用就是来帮助你完成这项任务的。

酬劳体制的四种类型

现在言归正传。正如上文所述，酬劳体制主要分四类，本质上不相上下，都有自己独特的优势和劣势。下面就是它们主要的优缺点。

1. 楼梯式/分离式体制

● 内容介绍

这类体制的结构类似楼梯，每一级台阶都代表更高一层的业绩等级。你每个月购买的产品越多，以及/或者你所招募的经销商中达到某一业绩水平的人越多，那么，你爬得越高。你爬得越高，佣金比例也就越高（或者是，你可以从中提取佣金的下游级数就越大）。

你下级团队中的伙伴们也同样沿着这个楼梯往上走。当他们达到某一指定的业绩水平时，就可以带着下级团队从你的团队中“分离”出来。从此，分离团队的销售额不再计入你每月的份额，而且在大多数情况下，你可以从分离的经销商和他的团队中获得一个较低比例的佣金。不过，即使这个佣金比例更低一些，你仍然有可能从一段脱离的分支上挣到更多的钱，因为你从中得到的收入是依据那位分离的经销商的整个团队的销售额，而不仅限于他团队中那些碰巧适合你常规薪酬范围的经销商（MLM行业术语的含义可以参见书后所附的《术语表》）。

● **楼梯式/分离式体制的优势**

(1) 不受限制的收入潜势

在不受限制的收入能力方面，没有一种体制能与楼梯式/分离式相媲美。通过“分离”，大家可以创建更大的组织，并且，能够从中提取佣金的层数也比其他体制通常所能做到的要多。

(2) 更深层次的薪水范围

在通常的六级单层体制中，你可以从六级经销商身上提取佣金，除此以外就再也没有了。但是，一种六代楼梯式/分离式体制从理论上来说，给你支付薪水的范围可以多达12层。比如说，你的第6层经销商中有一位与你分离了，这样，你每月就可以从他整个团队的销售额中获得一定的代理佣金——这有可能也是6层深。于是，总共就有12层了。

(3) 更大的下级团队

楼梯式/分离式体制的深度可能已经令人印象深刻，不过，它的宽度才是真正不受限制的。你在前线招募的人数，没有任何限制，同样，你所招募的人所能招募的人数，也没有任何限制。

(4) 公司稳定

网络直销在历经50多年的发展后，只有少数几家公司成功地在这个市场上生存了7年之久，或者更长。据1996年的《市场波》(MarketWave) 调查，在这些幸存者当中，86%所开展的都是楼梯式/分离式体制。为什么在这些行业寿星中，有如此之多都采用楼梯式体制？一部分原因是：楼梯式/分离式体制只不过比其他类型的体制存在的时间更长一些。例如，二进制体制，早在10年前就不复存在了。但是，一些行业专家也这样推测：由楼梯式/分离式体制所带来的高额的企业利润，应该能提供一种经济上的安全气垫，从而让使用这类体制的公司有更加长期的生存前景。

> 通过“分离”，大家可以创建更大的组织，并且，能够从中提取佣金的层数也比其他计划通常所能做到的要更多。

● **楼梯式/分离式体制的劣势**

（1）延时的回报

在所有的MLM体制中，呈指数增长所带来的利益是在更深的层次上，或者是在体制的“尾端”才表现得最强烈。然而，在达到这一刻之前，在你能够拥有一个“尾端”来提取佣金之前，你需要付出长期、艰辛的努力。正如楼梯式体制通过从脱离的分支上获得代理佣金的形式能够提供最富有的后端佣金，这类体制同样也需要最辛苦的努力和最长的延后时间，才能让你最终获得这些后端佣金。

（2）较高的每月配额

要想从一级台阶升到下一级台阶，多数楼梯式体制要求你每月必须购买一定数量的产品（以及/或者招募到一定数量的经销商，而他们也达到了某一特定的业绩等级）。随着配额的增加，你也在不断地上升。况且，随着你不断加筑下级团队中某一分支上的销售额时，这个分支最终是要脱离的，而且，它的销售额再也不会计入你每月的配额。为了达到要求，你又得从头开始，在自己的团队中招募更多的人，累计更多的销售额。

（3）复杂

楼梯式/分离式体制往往相当复杂，对于新招募的人来说，要想完全理解它们，还是有一定难度的。

（4）头重脚轻的佣金

由于楼梯式体制都更看重后端发展，所以，它们往往对众多击球手付出的报酬不成比例。一些网络直销人将楼梯式/分离式体制称作“共和党”体制，因为这类体制转向高层达标者的钱通常更多，而转向基层普通人的钱通常更少。不过，如今许多楼梯式体制都在降低要求，将更多的佣金向上推进，从而兴起了新一代的“温和的”或者“第四波”楼梯式/分离式体制。

2. 矩阵体制

● **内容介绍**

典型的矩阵体制同时对宽度和深度设定了严格的限制。例如，在一种2×12

的体制中，你可以建立12级深的团队，但是，前线的宽度只能有两个人。你所招募的前两个人将填充你的前线。第三个人就会“溢出”，从而流到下一层上。

- **矩阵体制的优势**

（1）溢出

由于你前线所能容纳的人数太少，所以，实际上，任何一位雄心勃勃的征兵人员都会产生许多溢出。假设，你将6个人带入了一个2 × 12的体制中，他们当中有4个人将会溢出，流到你的第2级上。正如你自己手下的下级团队由于这种溢出而填满了，你的下级团队同样也能依靠来自上层的溢出而填满。

（2）易于管理

对于自己前线的每一个人，你都负有培训和监管的义务。在宽度不受限制的体制中，比如单层或者楼梯式/分离式体制，受你直接监管的人数，最终可能会达到上百或者更多。但是，在通常的矩阵体制中，你前线上的人数绝对不会超过两三个人。

（3）简单

矩阵体制没有分离，而且，通常也很少有其他的复杂内容。在多数情况下（并不是全部），这些体制都很容易理解，也很容易解释清楚。

- **矩阵体制的劣势**

（1）懒散的下级团队

矩阵体制中的人，经常会以溢出的承诺来吸引潜在人选——让其他人来为你创建你自己的下级团队。这可以吸引招来许多人，不过，它往往也会吸引来那些不想或者不期望工作的人。

（2）劫富效应

矩阵体制如同“劫富济贫”一样。那些高层次的达标者与其他体制中的同类人一样辛苦努力，但是，在他们的佣金当中，有更多的部分最终流到了下级团队的口袋中——而且，经常流到那些无所事事、坐等溢出的人口袋里。

（3）成长受限

矩阵体制同其他的体制不同，它对组织规模的发展潜势有着严格的限制。例如，一个 2 × 4 的矩阵就不允许你的下级团队发展到超过 120 人的规模。一些公司为了缓和这个问题，尝试允许经销商获得不止一个“利润中心”——实际上就是多次签约，就好比他们个个都不是一个人。

3．单层体制

● **内容介绍**

典型的单层体制不会出现分离的情况，但是，从其他的方面来看，它同楼梯式/分离式体制很相似。同楼梯式体制一样，它也对你可以从中提取佣金的级数做出了限制，不过对宽度没有限制。如同在楼梯式体制中一样，你达到了一个规定的每月配额，就可以迈向更高的业绩水平，也就可以挣到更高的佣金。

● **单层体制的优势**

（1）简单

单层体制往往很容易理解掌握，也很容易对其加以解释说明，因为它通常不会像分离式那样有那么多复杂之处。

（2）无限宽度

同楼梯式/分离式体制一样，单层体制可以让你在自己的前线队伍中想招多少人就招多少人。

（3）溢出

许多单层体制都将最高的佣金比例放到了第 3 级上。这极大的鼓励了经销商在第 3 级上囤积更多的人员。这样一来，经销商实际上就是在帮助其他的人在建立他们的前线队伍，因为，每一位经销商的第 3 级就等同于是其他人的第 1 级。

（4）轻松合格

在单层体制中，你所有的销售额都计入你每月的配额中。你完全不必担心自己的销售额会不会“分离”、被取消资格。这样一来，爬楼梯上升到更高的佣金水平则要相对容易得多。

● **单层体制的劣势**

(1) 成长受限

无论是在组织规模上还是在佣金的数量上，单层体制组织同那些依靠楼梯式/分离式体制建立起来的组织相比，往往都要小一些。这主要归因于两方面：在楼梯式体制中，经销商可以依靠分离的部分从发展更深的级数上提取佣金，但是，典型的单层体制只会依据一个固定的级数来付薪酬；通过楼梯式体制，你能够让自己的组织发展得更宽广，因为，你可以将部分培训、监管下级团队的责任分担到分离的领导人身上，然而，典型的单层体制迥然不同，它需要你直接担负起对前线队伍中每一个人的培训和监管责任，一旦你的组织发展得过宽，你会被压得透不过气来。

(2) 懒惰

许多雄心壮志的网络直销人，通常会回避单层体制，因为它对成长加以限制。这类体制往往都会吸引许多主要想以批发价购买产品的人。

3. 二进制体制

● **内容介绍**

典型的二进制体制就如同“乘数为二”的矩阵体制，只允许你在前线队伍中有两个人。于是，你创建的组织被分成了两个分支，通常被称作“右腿”和“左腿”。通常只对那条“虚弱的腿”支付佣金——当到了支付薪酬的时间，哪条腿的销售额较低，就是那条“虚弱的腿”。在大多数情况下，不会对“强壮的腿”支付佣金。

● **二进制体制的优势**

(1) 挣钱更快

多数体制都是每月支付一次佣金，而二进制体制通常每周支付一次。

(2) 结构更深

尽管你只能在一条腿上得到佣金，但你可以从这整条腿的销售总额上获得佣金，而不仅仅是少数几级。这可是一个巨大的优势。假设你正处在一个 7 级的单层体制中，如果碰巧在第 8 级上招到了一条大鱼，那你就走运了，这条大鱼和他的整个组织都在你的薪酬范围之下。但是，在二进制体制中，你可以从这条大鱼的销售额上赚到佣金，不论他是在你的第 20 级上还是在第 100 级上。

● 二进制体制的劣势

（1）失控的分支

当两条腿在成长的过程上并驾齐驱时，二进制体制的运转效应达到最佳状态。但是，万一一条腿跑得比另一条腿快得多呢？举一个极端的例子，假设你那条强壮的腿一周的销售额做到了 5 万美元，而那条虚弱的腿分文未得，那么，这一周你 1 分钱的佣金都拿不到。而且，一旦一条腿的成长规模超出了比例，这种不协调往往只会导致更加糟糕的后果，因为那条强壮的腿所拥有的人数比虚弱的腿要多，销售动力也比它强。它就像一匹脱缰的野马一样逃跑了，为你的公司赚到了数不尽的钞票，却 1 分钱也没给你。有一点应该注意到，一些二进制体制为了缓和分支失控的问题，依据那条强壮的腿的销售额支付“匹配奖金”。

（2）增量支付

一些二进制体制（但并不是全部的）是依据预先规定的级数或者增量来支付佣金，而并不直接依据销售额的百分比。例如，假设你一周的销售额做到了 1900 美元，你将期待 20% 的佣金给你带来 380 美元的薪酬支票，但是，许多二进制体制的计算方式并非如此，他们会说，你这笔 1900 美元位于 1000 美元和 2000 美元这两种增量之间，然后，再将你的销售额舍入到两个增量中较低的那一个——1000 美元，于是，这一周你 20% 的佣金只为你带来 200 美元。当然，你销售额中那剩下的 900 美元会被“载入”到你下周的销售额中。但是，下周的销售额同样也会被舍入到一个最低的增量上，被扣的钱也就更多了。所以，在实践中，公司经常会设法保留你佣金中的大部分。应该说，一些二进制体制也在避免这个问题的发生，他们对这条虚弱的腿直接支付佣金——同其他类型的体制一样，这也是二进制体制开始显现第四波革命效应的众多方式之一。

没有简单的答案

对于读者来说，如果能从本章讲解的内容中有所收获，那么，你学到的应该是：对酬劳体制的问题，世上没有非黑即白的答案。这 10 年来报道、撰写网络直销的经历，教我领悟到一个原则，就是我们所说的“酬劳体制第二定律”——

对于酬劳体制方面的每一位行家里手来说，都会有一位专家与他们身份相当、意见相左。我在本章中所作的分析研究，主要来自多年以来我从那些专家那里所得到的忠告建议，比如说伦纳德·克莱蒙特斯、罗德·库克、科里·奥古斯坦，以及斯瑞库马·拉奥博士。但是，对于此处所列举的每一个观点看法，这些专家中没有一位认可，正如他们自己也经常意见不和。

我所展现的，正是我的老师们的智慧合金，并且经过了我自己观察、判断的锤炼。你也必须对本章中所提出的建议进行锤炼，运用自己的判断力，逐一衡量每一种体制，再选择一种最能满足你需要、达到你目标的体制。

第二十章

构筑第四波成功的七支柱

交钥匙系统是第四波革命的发动引擎，所以21世纪的MLM公司不需要经销商创造什么惊天动地的辉煌，只希望他们不屈不挠、切实遵守系统的规则。只要坚持几条简单易行的原则，大家就可以做到这一点。我将这些原则称作“构筑第四波成功的七支柱”。

1号支柱——决不放弃

网络直销行业中每一个成功的例子，都是一则面对艰难险阻坚持不懈的故事。第四波革命，并不意味着就不再辛苦。交钥匙系统确实是极好的工具，但它们只是工具，任何一位工匠要想把活儿干好，就得努力发挥工具的作用。脚踏实地做，事业就会成长。这可能需要几年的时间，会有挫折和沮丧，但只要坚持到底，就会达到目标。

2号支柱——寻找导师

网络直销是建立在负责人关系的原则之上的。招募你加入这个行业的人，即你的负责人，有责任培训、管理你。但他也许并不能永远胜任这个工作，有时候，你不得不越过他，找到他的负责人，或者他的负责人的负责人———一位经验丰富、技能卓越的人——做你的导师。千万不要害羞畏缩，一定要不停地寻找，直到找到合适的人，这是你开创第四波事业需要完成的第一项任务。

3 号支柱——运转系统

你的第四波事业是建立在交钥匙系统之上的，而系统早在你加入之前就到位了。公司事业成功的确凿事实，意味着这体系经过市场的检验是可行的。好好利用这个事实。当这个系统呈现在你面前的时候，就开始运转起来。千万不要尝试再造车轮。

> 找到一位富有能力的导师应该是你开创第四波事业需要完成的第一项任务。

当然，公司里许多不同的上级可能会有不同的经营战略，一定要遵照你的导师所教授的策略。如果你想从导师这种关系中学到最多的东西，那就不要与他争执，也不要事后指责他。做到孺子可教的程度，运用他的体系，然后成为这个方面的专家。某一天，你可能就会功成名就，丰富的经验足以让你开创自己独特的方式，到时候，你也将成为一名上级领导人。不过，正如俗话所说，你得先学会服从，然后才会领导。

4 号支柱——讲述故事

每一位销售员都是一个说书人。在多数情况下，销售员都要详详细细地讲述有关他们所销售的产品或服务的使用方法，以及它们所带来的好处。网络直销人讲述的故事，则完全是不同的类型，他们谈论的是他们自己、他们的生活，以及他们的目标、理想和抱负。当你瞄准一位潜在人选开始劝说时，是要试图说服他相信这样的事实：他应该跟随你的步伐。你是要试图劝他加入你的公司，成为一名经销商，从事你所做的事业。要想鼓励他跟随你的步伐，你自己的亲身经历至关重要。

你自己的故事无需别具一格。你只需要用自己的语言讲述真实的故事。或许你要说的只是，你刚刚加入这家公司，你正在冒险，你不知道结果会如何，但是，你对它有信心，你的导师的工作就一直非常出色，他正在手把手教你。然后，让导师接着往下讲，做最后发言的是他，而不是你。你讲的故事，将有助于他开展论述，因为这些故事向潜在人选表明，周围还有许多人愿意接受这位导师的指导。随着你的事业越来越成功，你讲的故事也会越来越好。

5 号支柱——简单易行

网络直销的关键因素就是复制。为什么大家肯加入你的下级团队？因为你让他们相信，他们也能复制你或者你的负责人所做的事情。你的事业看上去越复杂，或者越困难，对你的潜在人选来说，可复制性就越差，那么，大家愿意尝试的可能性就越小。

假设你来到一个潜在人选的家中，花了两三个小时详详细细地解释了这个机遇，这时候，他可能已经对这项事业退避三舍了，原因很简单，他不想做同样的事情——在每一位可能的潜在人选身上花两三个小时。但是，如果你仅仅递给他一盘10分钟的招募录像带，对他说："一两天以后给我打电话，告诉我你的决定。"这时候，他会得出这样的结论：这项事业运营起来非常简单。他会更愿意尝试它。

6号支柱——精挑细选

不要浪费时间乞求别人加入你的事业。对于并非自愿的潜在人选，你就算成功地和他们签了合同，最后他们也是拙劣的经销商。你需要的是野心勃勃、肯卖力的人，他们已经准备就绪，而且非常愿意、也能够立刻就开始工作。在你的潜在人选中，始终会有一小部分人属于这一类。不断寻找，直到你发现他们。就好像不断摇晃筛子，挑出那些谷壳，剩下的是强壮、健康的谷粒。

7号支柱——支持下游

正如你需要仰仗一位导师助你开创事业，你的下级团队也要仰仗你。你给他们的培训和支持越多，他们的表现就越好。网络直销中的领导人身份，就是要确保你所招募的人很好地掌握你公司里的知识经验，还要确保他们能挣到钱。要想做到这一点，你得帮他们教其他的人掌握你的导师曾经教给你的内容。

看似简单

在精明的商业人士看来，这七条原则或许可能又天真又简单。不过事实上，它们的确行之有效。正如本书在以后章节中所诠释的那样，"构筑第四波成功的七支柱"相当灵活，有弹性，不论你在网络直销中遇到何种情况，都是适用的。

来自各行各业的人们，已经在MLM中取得了成功。一些人将聪明才智、教育经历以及商业经验带入了这项工作，另一些人除了对成功的渴望，什么也没带来。但是，他们同样地拥有成功的机会。在网络直销这个行业中，打胜仗的机会不一定属于那些拥有天赋、财富或受过高等教育的人，它属于那些将事业建立在"构筑第四波成功的七支柱"之上的人。

第四部 永不放弃

WAVE4

第二十一章

地带

杰夫·马克也从事过网络直销。到他回过神来，他才发现这行业如同一场骗局。14 个月，他倾注了自己全部的时间、精力、金钱，不分昼夜地工作，比下级成员还要努力，结果却一无所获，倒是信用卡上多出了 4 万美元的借贷。

“我就像踩脚踏车的老鼠，”杰夫回忆道，“按照获得报酬的方式，我总是要买更多的产品。”杰夫所在的公司是这样规定的：你个人或下属团队必须每月从公司至少订购 3000 美元的产品，这才有资格成为获得最高佣金的领导人。通常是杰夫购买 2000 美元的产品，他的下级团队购买剩下的。但如果下级伙伴在某个月里没有买什么，杰夫就得自己掏钱补上这些份额。按道理，大部分产品应该通过零售的方式向顾客出售，可杰夫订购的份额过多，远远超过了他能销售的范围。他的壁橱里装满了护肤品，与此同时，银行账户一天天空下来。

旋转门

14 个月后，杰夫退出了这份挥金如土的工作。“我夹着尾巴逃回了原先从事的建筑业。”他说。他虽然只是一名普通的工程师，每天过着朝八晚五的生活，但至少每个月还能领到薪水。当他每个月收到信用卡账单时，会发誓再也不会上当受骗进入网络直销这个行业。

胸中燃烧的火焰

根据 MLM 的统计，如果杰夫是那类人，他就会屈服于命运。他也许会在接下来的日子里成天抱怨失去的4万美元，随着时间一年年过去，对高收入的梦想也一点点逝去了。

不过杰夫并不打算放弃。他胸中一直有一团熊熊烈焰，那是一种对成功的渴望。“我现在27岁，”杰夫说，“看看我周围这些同事，有的35岁，有的40岁了，我觉得自己正在步他们的后尘。说真话，我不喜欢这个样子。”

杰夫下定决心不像同事们那样坐以待毙，时常为钱发愁。应该做出什么样的选择呢？他思来想去，思路还是回到了网络直销上。要不要再给自己一次机会？失去4万美元，难道真是给直销行业害的？还是因为自己选择了一家糟糕的公司？他苦苦思索着，最痛苦的是，思索的结果总是：网络直销说不定值得再试试。

再一次的机会

原先那家直销公司的同事给杰夫打来一个电话，带来一个激动人心的消息：托德·史密斯，那家公司的领导人之一，正打算跳槽，要加入雷氏制药（Rexall Showcase）的新的分公司，位于福罗里达州博卡拉顿（Boca Raton）市。雷氏公司（Rexall Sundown）诞生于1985年，由两家公司合并而成，它们是Sundown Vitamins 公司以及成立于1903年有着古老历史的雷氏药房的连锁机构。

雷氏是美国的主要品牌之一。雷氏制药所生产的维生素系列和其他药品，在同行业中有着非同寻常的声望，这是按20世纪九十年代初直销行业的标准来衡量的。杰夫认为，像这样有名的品牌，或许是一次机会。更让他感兴趣的是，可以和托德·史密斯这样重量级的选手共事。如果打算再顶着风险投入时间和金钱，杰夫希望拥有像托德这样的良师益友，指引他渡过那些危险的浅滩。

轻松脱身

另外吸引他的地方，就是获得报酬的方式。雷氏首先开创了一种新的柔和形式的晋级或退出，每个月不会有繁重的份额和苛刻的处罚，过去面对这样的压力，很多销售人员不得不堆积不需要的货物。杰夫以前所在的公司就规定每个月必须购买2000美元的份额，然后升到3000美元，5个月后，才有获得9%佣金的资格；如果有两个月没有完成份额，就会丧失领导人资格，一切从头再来。

雷氏的方式则是，每个月1000美元的份额就可以成为领导人，没有完成份额也不处罚。一旦到达某个佣金水平线，就可以终身享用。杰夫认为，这样的方式还不至于把他推进信用卡借贷的漩涡中。对于那些招募到的下级成员来说，完成份额也比较容易，很多人还可以兼职干。

接触性决定

尽管看到了这些明显的优势，杰夫还是面临艰难的选择。他以前的失败给朋友和家人留下了痛苦的记忆。如果他又回到这个行业，他们会把他当成疯子。从小到大，他都觉得自己是家里的败家子。他祖父母是来自黎巴嫩的移民，在艰辛的生活中，通过辛勤的付出，开创了属于自己的欣欣向荣的服装事业，他的兄弟姐妹也都是高收入的医生、律师和企业白领。

不过杰夫有所不同，他一直是个梦想家。他从未长时间地沉浸在某件事上，那不足于让他继续工作下去。上大学时，他因为学业不及格而辍学，后来成绩刚刚合格，才勉强毕业。之后他不得不从事一份二流的工作。那次不经意的与MLM的接触，更是让他的父亲深信，他将一事无成。

偷窃梦想的人

马克·亚奈尔是传统美国（Legacy USA）的高级销售领导人之一，他认为MLM新进人员要面对很多艰难的课题，其中之一就是朋友和家人的指责。亚奈尔把这些善意的反对者称为“偷窃梦想的人”。很多刚刚加入MLM的新人，因为来自爱人、亲人、自己所尊敬的人的压力，而不得不放弃了这份工作。马克和雷内·里德·亚奈尔在他们的作品《网络直销第一年》中写道：“如果一开始，你就和家人、朋友谈论这个行业，他们中大部分人会认为，你失去理智了。”

> 听听那些在网络直销中取得成功的人的故事，就会知道，当他们决定不再理睬别人的想法时，才从此步入成功的道路。

出于这样的原因，要想在MLM行业获得成功，先决条件就是脸皮厚。听听那些在网络直销中取得成功的人的故事，就会知道，当他们决定不再理睬别人的想法时，才从此步入成功的道路。通常，当这些人真正做到这一点时，已是精疲力竭、不顾一切。自然，杰夫·马克也遇到了同样的问题。

超越自我意识

杰夫借了4万美元，利率非常高，这时，他已没有能力付房租，就搬回了父母家。他27岁，他说：“在这样的年龄，本来已经独立谋生了，搬回父母家简直是一种耻辱。”不过这正好是他所需的刺激。

抛开骄傲，他经济上已是一穷二白。他必须超越自我的意识。他进入了一种地带，那应该是一种很纯净的状态，他头脑中唯一想到的就是把工作做好。在他看来，头脑中只有那种为了生存的原始愿望，没有什么可取代——他一定要赢回自由和尊严。由此可见，杰夫在雷氏这个领域一定会赢回他所失去的一切，而且还会得到更多。

第二十二章
真正去做，不要做假

杰夫记得以前公司的上级领导人曾经这样对他说：“一开始就是欺骗，直到你真正做到。”这就是说，招募下级成员的时候要打扮得很阔气，让人家以为你已经成功了。于是他像以前那样，穿着高档的衣服，在很好的饭店里招待那些潜在人选，还买了一部手机，申请了三种呼叫方式，免得错过任何一个机会。他第1个月的电话账单是1800美元，而酬金只有450美元。他把工程师的工作辞掉了，完全投入直销，由于工程师的工作只做了几天，他从未领过薪水，也就无从比较是上班好还是从事直销好。高度运转的生活方式持续了几个月之后，杰夫发现，欺骗和真正做到，是完全不同的两回事。

倾向和方法

进入雷氏之后，在托德·史密斯的指导下，事情的发展有些不一样了。新老师教给他这个行业应有的倾向和方法：对自己的支出要聪明一些，用最少的时间和金钱投入，带来最大的收益。

当然，杰夫的处境要求他无论在什么情况下都采取斯巴达式的简朴方式。负债累累而且还住在父母家，他不得不把相关的一切开支都缩减到极限。他把车库作为自己的办公室，把大学里用过的书桌搬来，把电话线从卧室经过阁楼牵来，用一个简陋的文件柜放那些文书证件，例如委托文件和客户追踪信息。“一台锈迹斑斑的旧冰箱、两辆车，和我共享我的办公室，”杰夫回忆道，“那里的气味闻起来就像是防冻剂。”

大量的工作

随后，杰夫开始了业内所称的“大量工作”，即对潜在客户的努力。杰夫进入雷氏后不久，公司就歇业了，他还没领到自己的佣金，不过这倒给了他很多时间来思考前景。从每天早上7:30来到办公室，他一直坐到深夜，其中只有两次短暂的咨询。杰夫说：“我成长了不少，朋友们都去听音乐会，有的去打篮球，而我必须做出牺牲。我要做点什么，不管是什么，让自己的工作运转起来。很多人觉得我疯了，我要向他们证明，他们是错的，这成了我工作的最大动力。”

工作很艰难，又很孤单，他就这样在父母的车库里打出一个又一个销售电话。每一步都有挫折，但他常听一些能鼓舞人心的录音带，让自己保持很好的状态。有一盘吉姆·罗恩录制的带子，名叫《掌握你的生活》，让杰夫受益匪浅。事实证明，这对他的成功很重要。罗恩说，如果你发现别的销售员销售的份额高过你，别人进步了10%，而你是1%，那么，有一个很简单的办法可以缩短差距：“对更多的人多说10次。”这条原则成了杰夫的战略基石。

亲情市场

杰夫列出了一个有关朋友、家人、同事的名单，这些人都是他的潜在人选，形成了他的“亲情市场”。网络直销行业的常规是，从亲情市场中招募人选，比从陌生市场着手要容易得多。

不过事情并不总是如此。杰夫的亲情市场非常抵制。认识杰夫的人都知道，他在以前的直销公司失败过，都把他看作懒虫。更糟的是，杰夫的很多朋友都不富裕，因为他们也像以前的杰夫一样懒。杰夫说：“那些家伙的空闲时间都花在运动场上，要么就陶醉在夜生活里，他们从不考虑将来的事情，对他们来说，未来就是周五晚上。”

陌生市场

在杰夫列出的160位亲情名单中，只有5人愿意加入雷氏。这样的结果让人懊恼。但是记住罗恩给的建议。杰夫加倍努力，这次他把注意力转向了陌生市场，这里的潜在人选都不是他的影响力所能左右的。

许多MLM培训导师会警告新手，避免陌生市场。陌生人在面对自己不需要的推销时，会变得很粗暴。“给陌生人打电话是让你在销售行业燃烧殆尽的最快方法之一，”希尔顿·约翰逊曾经这样评价。他是MLM大学的校长，也是位于福罗

里达州罗 岱城（Lauderdale-by-the-Sea）的一家网络直销咨询公司的顾问。“给陌生人打电话，通常得到的都是拒绝和辱骂。每天给陌生人打电话，就好比延长坐牢时间。”这话对大多数人来说的确是正确的，不过杰夫处于不同的状况，拒绝和辱骂对他来说算不了什么，羞愧和失败已经烧尽了他的情绪，剩下的只是渴望成功的熊熊火焰。

陌生电话

杰夫的策略之一，就是按照黄页电话簿逐一打电话。他特别关注会计公司，因为这些公司夸张的广告上会列出会计师个人所在的公司和名字。“一天下来，我有6至8小时都在打电话，”杰夫回忆道，“我尽力让听电话的人和我见15分钟，要么听一听录音带。”打这样的电话，大多得到的是拒绝，不过雷氏的名号还是给杰夫一颗定心丸。

接通电话后，杰夫通常会说：“我为雷氏公司工作，我们正在扩展业务。这是一家新的健康预防分公司，您熟悉它吗？就是那家制药巨头！”好多人会说：知道。一下子，他就获得了3倍的优势。首先，他会从对方那里得到肯定的答复，其次，他会把自己同那令人尊敬的品牌联系起来，接下来，他提及药品行业，广泛被大家认可的知名度为扩充他的市场打下了基础。就算如此，工作还是很艰巨，差不多打250个电话才能招募到1个人。

非冷非热市场

并非所有接电话的人都冷若冰霜。很多人看起来属于希尔顿·约翰逊所谓的“非冷非热市场”。这个市场包括那些你交流过一至两次的人、以前的潜在人选介绍过的人，以及看过资料、你又再次打电话过去了解的人。

通过打陌生电话，可以晋升到非冷非热的状态。虽然结果让杰夫失望，但总还有人向他推荐其他的人。他会这样说：“我们正在寻求这个领域的专业人士，这样的人可能对一些新行业的看法比较开通。你能给我介绍一些你认识的，而且对自己创业又比较感兴趣的人吗？”通常有人会提供姓名和电话，这就成了杰夫的非冷非热型人选。当杰夫给他们打电话时，已经有了一定的优势，因为他可以诚实地说：“我是你的朋友××介绍的。”

> 很多销售人员都认为分类广告可以提高你成功的机率。

分类广告

很多销售人员认为，分类广告可以提高成功率。这类的广告会带来一批非冷非热型的客户，他们已经了解你的行业，而且颇感兴趣，所以才给你打电话。杰夫经济拮据，在分类广告方面舍不得花钱，便将字数压到最少，他会集中观察人们对不同类型广告的反应。

通过经验累积，他注意到，比起商机版面上的广告来说，报纸上最有效的广告在招聘版面上。通常比较典型的广告会这样写："招聘经理职务，需要很强的事业心，能马上投入工作，致力于成立某主要卫生保健公司的最新分部。有意愿者请将简历传真至……"如果有应征者打电话来，杰夫就提醒对方，他所提供的是一个开创事业的机会，而不是一个可以领到薪水的职务。大约10%的应征者得知是网络直销时会非常生气，不过大多数人至少愿意听一听。杰夫可以通过分类广告从应征者中成功招募到1%至5%的人。

个人观察客户群

杰夫还开展了他所谓的"个人观察客户群"的工作。他会找到一些场所，例如公共办公区、当地的商会会议召开的地方，在那里寻找一些有可能对直销感兴趣的人，如果谈起来觉得对方加入的可能性比较高，他就和对方交换名片。不过杰夫强调，不要在首次交谈中就挑明自己的目的。

"我的目标是树立和善的形象，"杰夫说，"我了解到，在陌生市场中，和善是最重要的。如果人们喜欢你，最后会抽出时间听你说的。"个人观察客户群的观点，在现实中已被证实为杰夫最成功的策略之一。通过这种方式，他招募到10%的追随者。

坚持不懈的力量

杰夫的工作还是很辛苦。很多销售人员都会优先选择亲情市场，或以匿名形式通过网络向人们推荐，但杰夫已经不顾一切了。这种大无畏的精神，连他自己也想不到会出现在自己身上。这是他一生中首次面对挑战，而且完全不考虑退缩。"人们开始对我有了不同的看法。"他回忆道。

他说，如今他经常去全国各地参加培训研讨会，做一些商业简报，他常常询问在场的听众，在从事网络直销工作时，有多少人在6个月内就想放弃或转让事业。不管在哪里，都会有50%至90%的人举手。他们的经历很好地说明了直销在大家心目中的形象——这是一个充斥着失败者和半途而废者的行业。

“当我告诉他们我正在从事的工作时，他们都会把我想象成他们曾经见过的那些网络直销人，”杰夫说，“他们都觉得，我很快就要走向失败。”不过，同样是这些人，在1年或更长的时间后注意到，杰夫还在这个行业里活动，于是很多人对他产生了敬意。“1年之后我就开始挣钱了，”杰夫说，“我的自信心越来越强，我明白我所做的事情是很多人做不了的，那就是：坚持不懈，绝不放弃。”

证实

杰夫的父亲也注意到了他的变化。“我不懂你的事，”他父亲说，“不过我可以告诉你，你干得很卖力，不管怎么样，如果你坚持不懈，就一定会成功。”

他父亲说对了。第一年下来，杰夫挣到了48000美元，在接下来的一年里，收入又呈指数上升。“我开始看到自己的下属们各尽其职，如今，在我的下级团队中，有的是精明能干的人，他们也在投入自己的时间，慢慢发展自己的下级团队。”随之而来的就是杰夫的收入比上一年又翻了一番多，达到10万美元。到1998年，在杰夫进入这个行业的第7年，他的佣金和代理佣金达到了833000美元。

精彩生活

杰夫在车库办公室辛勤奋斗时，也开始和一名叫丽莎的女孩约会。“有时候我们出去吃饭，都是她付账。如果是我邀请的，我只能选择汉堡王（Burger King）。”丽莎在银行工作，了解这个行业的实际情况，她也认为，杰夫的直销冒险是脑袋有病。“不过她还是支持我。有一天，我让她坐下，对她说：‘如果你相信我，就呆在原地别动，你会为你的决定感到欣慰的。’”

杰夫加入雷氏后的第三年，和丽莎结婚了。如今，他们住在位于湖边平地的一幢有6000平方英尺的房屋里，还拥有自己的私人海滩。在可以容纳4辆车的车库里，停着一辆卡迪拉克、一辆雷克萨斯、一辆哈雷（Harley-Davidson）摩托车。杰夫经常到国外出差或旅行，例如去香港、大阪。他余下的收入，将给他带来从未想象过的自由。最近他从夏威夷旅行回来，抽出了几天特别的时间，驾驶他的“哈雷”去了加利福尼亚海岸。

站在原地

对于杰夫来说，“一开始就是欺骗，直到你真正做到”的日子已经远去了。他已经明白，在网络直销业中获得成功的唯一守则就是：坚持不懈地努力。“在一定程度上，我意识到自己想要的是真正的成功，我不想成为你在直销行业经常看到的那些人，他们在人群中装腔作势，与人相处甚好，但实际上完全是在举债经营。我发誓我要忍耐，坚持下来，让我的工作运转起来。”

如今杰夫心存感激，因为在经历第一家公司的失败后，他没有放弃。他总结道：“在这个行业中，很多人失败的原因就在于，当他们遭到挫折后就轻易放弃了。当混乱平息后，仍然留在原地，100 步的路程只完成了 90 步。”

第五部 寻求良师益友

WAVE 4

第二十三章

行为榜样

对但森·泰勒来说，生活已经够好的了。他进入超越通讯（Excel Communications）三年后，成了百万富翁。他刚从机场出来，坐进豪华轿车，一个专职司机为他驾车。他不住在城里，如果有业务需要，司机会来接他。偶尔外出，他会从车库中挑一辆车带着孩子们去散心。他有一辆敞篷的梅塞德斯（Mercedes）500、一辆雷克萨斯（Lexus LS）、一辆林肯·领航员（Lincoln Navigator）。他数十万美元的月薪，足以让很多人满足了。但他希望还能提升到100万或更多。为了实现这个愿望，他有现实的计划。

在如此短的时间内，他如何去实现这个愿望呢？首先，他承认自己不是商业天才，也没有什么特别的优势。他出生于美国田纳西州孟斐斯一个非洲裔工人的家庭，上大学时就中途辍学了。他父亲在一家仓库开叉式升降装卸车，父母希望他能有一份提供养老金的稳定的工作。不过他有很大的野心，有很强的主见。在总结自己的成功时，但森认为，最重要的是找到一位好导师，并且切实落实导师的训诫。

下定决心

但森的父母首先成了他的行为榜样。他们不是冒冒失失的人，他们有着很强的道德意识，并且辛勤工作，就这样养大了三个孩子。“我的父母非常严于律己，”但森回忆道，“他们绝不会容忍我不懂得尊重别人，特别是我的长辈。每个星期天我们都要去教堂，吃饭的时候不许一个人缺席，不管饿不饿。如果我在学校得了C，父母会罚我六个星期。”

他们为孩子创造了舒适的家庭环境，不过也为此付出了不少。父亲为工作付出的代价是："把一生都献给了那家公司，二十年如一日，到了星期五，他会很高兴，因为星期六可以歇一歇了。到了星期天晚上，父亲的情绪会变得很糟糕，因为第二天要上班。"一天，父亲把家里人都召集到一起，说他所在的工厂倒闭了，他失业了。后来，他在一家仓库找到了工作，薪水只有以前的一半。"他只好接受，因为他别无选择。"但森说，"那一刻，我决定要成为一名企业家，我要经营自己的事业，我不想任由别的公司来摆布我。"

继续前进

从导师那里，但森学到了一条重要的原则：不管导师有多好，或者他传授的经验有多重要，有朝一日，学生一定要超越老师，尽其所能从每一位导师身上吸取经验，然后继续前进。要想不断进步，就必须寻找新的导师，指引你一步一步前进。从父亲身上，但森学会了努力工作、坚持不懈、自尊。不过父亲没法教他如何成为一名企业家，因为他自己就不是。

> 要想不断进步，就必须寻找新的导师，指引你一步一步前进。

无需很长时间，但森发现，他的大学老师传授的知识也是有限的。上高中时，他是研究微积分的专家，进入孟菲斯州立大学后，他选择了商科，不过一节课又一节课后，他的热情消逝了。他回忆道："我觉得那时是在浪费时间，我的目标是成为百万富翁，坐在那里听老师讲课实在是太痛苦了。"当但森宣布辍学，要做一名房地产经纪人时，他父母感到惊慌失措。"他们警告我，那挣不到多少钱，又没有固定的薪水。可我不想要这些，我要成为有钱人！"

成功模型

童年时期，财富已经让但森着迷。当他去家境富裕的堂兄弟家时，会格外关注他们漂亮的房子、周围的高消费阶层，还有若隐若现的凯迪拉克。他说："我总是怀着很大的梦想，成为富人的想法不断在我脑海里徘徊。"他清楚地知道，获得财富的方式，就是和那些已经成为富人的人在一起。他计划进入房地产行业，加入一家著名的代理行，在那里接受培训并得到支持。一旦进入，他就要保持灼灼的目光以寻求导师和榜样。"我要让自己和那些已经实现我的愿望的人在一起。"

公司给他们提供十二周的培训课程，但森全力投入。他回忆道："好多同学都觉得，课堂上讲的全是陈词滥调。他们不专心，也不做课后作业。可是每个星期，我都会完成我的课后作业。不管老师教什么，我都要去实践，直到正确掌握。”但森背下了所有的销售手稿，就像背诵《圣经》一样。他一遍又一遍地听磁带，直到可以模仿培训师的语音语调。他说：“我的声音听起来好像是磁带里的声音。”他的努力得到了回报，在七个月内，他在代理行的排名就位列第四，那一年，他拿到了数十万美元的佣金。

下一个层次

然而，但森想要的远不止这些。当他给客户介绍一系列豪华的房子时，他觉得正在推销的房子正是自己想要的。“每当经过这些好房子，我就憧憬着，自己也能拥有这样一套。我对自己说：总有一天我会拥有这样的房子！”可这样的梦想确实不在他能力范围之内，如今他有妻子和孩子要供养，账单越来越多，佣金很可观但并不稳定。这个月挣了5万美元，下个月或许只有12000美元。他回忆道：“我常常对妻子说，我们要每个月挣到5万美元，才可以满足我们的需要。”

一天，但森接到一位朋友的来电，这位朋友也是一位房地产经纪人（特指美国房地产行业工会成员），每年卖房可挣40万美元。他邀请但森参加一个会议，这是一个对超越通讯公司作简要介绍的会议。过去但森对网络直销已有所了解，他母亲曾经在一家MLM香水公司做兼职销售，不过似乎从来没赚过什么钱。但森也在一家销售护肤品的公司做过，不过早就退出了，那时他才21岁。他承认：“当时我对这个行业完全不懂，从来就没有真正地开始过。”

信念的跳跃

其他人从相关的经历得出这样的结论：网络直销不是一个可行的行业。不过但森把朋友当成榜样。朋友为什么抛开佣金40万美元的房地产工作而进入超越呢？但森很感兴趣。他步步向上的策略就是瞄准成功的模范人物。这位朋友的成功程度是但森的四倍，如果他愿意，或许直销还是值得一试的。但森总结说：“这样做是对的。我不是非常了解这个公司，或是这个行业，或是别的什么，不过，我马上就放下了房地产的一切事务，投入到新的工作。”

追踪上级

但森再一次选定了一位行为榜样，坚定信心地跟随他。不久，他发现新老师并不胜任，和他一样只是个新手。为了提升自己，他需要找更有经验的老师，那就意味着越级，去寻找愿意教他的主管。

超越鼓励大家邀请下级成员参加商业简会，会议通常在某个饭店的会议室召开，在会上你可以向大家发表你的推销演说，公司会给你提供配套挂图，以及针对这些会议的销售演说手稿，你要做的就是服从这些提示，逐字逐句读那些稿件。不过但森和他的负责人知道，想要在会议上作有效的演说，还需要别人的帮助。由此，他们开始追踪上级。他们打了很多电话，最终有一位上级负责人愿意来参加他们的会议。在首次简会上，有30人出席，当场就有很多人加入超越。见到反响如此之好，但森劝说那位负责人当晚再来一次。

一会儿在这，一会儿在那

> 很多网络直销人都是在匆匆忙忙中得到指导，一会儿在这，一会儿在那，给他们建议的老师也是五花八门。

很多人想到“导师”这个词时，都会想象到与自己有多年密切关系的人。不过这种联系在事业上不多见。很多网络直销人都是在匆匆忙忙中得到指导，一会儿在这，一会儿在那，给他们建议的老师也是五花八门。

但森从来没找到一个可以手把手教他的老师。不过他总是注意让自己的步调与上级领导人保持协调。他很注意听取上级说话的用词，可以通过不同形式来了解，例如时事通讯、录音带以及超越大会上的评论。他所获得的一些重要指导，反而来自那些根本就不认识他的人。

保持简单

保罗·沃伯森是超越的高级销售领导人，也成了但森的长期导师。通过保罗的录音带和培训课程，但森学到了“保持简单”的原则。加入超越的新手在招募成员时，总会说出一大堆信息来迷惑听众，他们会滔滔不绝地谈论电信行业已经撤销管制规定，以及在21世纪有着巨大的升值空间……可是沃伯森说，这样的长篇大论是浪费时间，人们加入直销只有一个理由——挣钱。他们要知道的是，如何做到这一点。

但森说：“你只需要注意两件事，经济独立和时间自由。他们需要了解如何操作这个工作，如何挣到钱，以及如何帮助他人挣钱。”你的招募演说越简单，就越容易被复制，这样，你的下级成员才更容易招募他们的下级成员。但森打破陈规，给初来乍到者提供了简单的模型。他时刻提醒他们，要采纳简单的步骤，“我告诉大家，我们要帮助新手在头两个星期内挣到1200美元，大家要做的就是签3个代理人，再帮助每个人招募8个人。”

热衷会议

保持简单的另一个方法，是把人们带到商业简会上去。如果你在某个人家里花了两小时喋喋不休，那就是在误导对方。人家会以为，这是挨家挨户的推销，要花大量时间。但你要是邀请他参加45分钟的简会，再送他回家，他就会对这项工作有不同的看法，他会觉得，只要每个星期邀请人去参加星期一晚上的会议，就可以简单地招募到下级伙伴。

首次会议的成功，使但森决定，每天晚上都召开简会。成功是一个混合体。某些晚上，有大约120人出席，可是有些晚上，大厅里一开始空荡荡的。但森记得，有一次会议只有两个人出席，一个是他的下级成员，一个是他带来的人。为了对那位客人有所帮助，他尽职尽能地完成了整个演讲。

遭遇障碍

但森知道开会对工作非常有效，事业也因此稳定上升。可是不可否认的是，他觉得有什么东西正在流失。在别人的指导和建议下，他会采取简单的方式去完成任何事情。每星期的会，却给他的精神、心理、身体造成了周而复始的负担。他总要四处奔波，到城外的居住区去寻找有兴趣的人，还要让定期召开的会议不至于枯燥无味。在会议开始前的最后1分钟，他还无法确定究竟会有多少人来参加。这种情感上的漫无目的，看起来并不符合超越的平稳经营和交钥匙系统的文化，他对自己说：肯定有更好的办法可以解决这个问题。

没错。过去他总能找到新的导师来帮他打破僵局，如今，这个方法同样有效。超越的一位高层领导人也在考虑这个问题，他找到的解决办法，也成了打开但森童年梦想大门的钥匙。

第二十四章

交钥匙会议

史蒂夫·史密斯是超越通讯的营销副总裁。正如第十四章中提过的，他在1989年与德克萨斯州的石油商肯尼·特洛特合作开创了超越，同时开始网络直销的事业。史密斯同特洛特不一样，他是一位经验丰富的网络直销商，他了解MLM的力量，他劝特洛特尝试这种创新的方法来开始长久的事业。

史密斯是想让自己上升到一个轻松而容易赚钱的位置，但特洛特丢给他一个难题："你做的很好，也让我相信这个计划不能耽搁，但是，你该怎么去挣钱呢？"史密斯大吃一惊，特洛特说他不靠别的就靠他的佣金生活。他缺乏资金，而且还要养家糊口。不过史密斯力劝特洛特考虑接受这个挑战。

他走遍全国，到处召开简会，单枪匹马招募卓越的下级团队，一切都从头做起。如今史密斯已相当富裕了，但他从没忘记以前身为普通直销商的时候。他知道每一位成员对于事业的开展意味着什么，因此1998年春天他宣布了商业简会的新形式，这带来了非同寻常的影响。

史蒂夫每周行动小组(SWAT)

通过研究那些成功的销售领导人，并精选他们的销售策略，史密斯开始进行机遇展示会。他把种种技巧融合成交钥匙系统，称为"史蒂夫每周行动小组(SWAT)"。SWAT手册列出了通过每周简会提高超越业务的步骤，认真记录了每个细节，考虑到了任何可能性。

但森·泰勒在1998年春天首次听说SWAT系统，非常高兴。这正是他苦苦寻觅的实用手册。不过超越其他的一些经销商抱有怀疑的态度，看过手册后，他们吸纳了自己喜欢的元素，把那些不懂的部分舍弃了。例如，手册中精确地说明，在会上谈论不同的论点时，应该播放不同的音乐，但很多人都选择自己喜欢的音乐。但森说："很多领导人认为，我负责的是这部分而不是那部分，他们没有认真地、逐字逐句地落实那份手册，所以他们不会看到自己事业的转变，他们只是按照自己的方式又回到了原先的状态。"

好学生

但森当初在房地产行业接受十二周的培训时，能够信心坚定地完成课后作业，按老师的要求认真实践，所以他业绩辉煌。如今，他要用同样的方法来学习网络直销。"有了史密斯这样的成功者给出的手册，"他说，"我决定做一名好学生，不去质疑他的技巧。"

在一开始的几个星期里，他根据SWAT理念重新整理了自己的工作。他远远地以史密斯为榜样，时常带着SWAT手册的副本。他所召开的会议，很好地遵循了史密斯的理念。

清晰的目标

结合史密斯的理念，但森的观点有了微妙而重要的转变。以前，他把会议当成下级团队的赛前运动会，邀请外来的演说者，免得大家觉得这次的会议和上次一样，他努力保持会议的新鲜感，试图吸引所有的人——已经加入团队的那些人，和有可能加入的那些来客。但是现在，他缩小了目标的范围，会议的目的只有一个，就是招募新的成员，所有事情都要围绕它运转。下属团队已经是公司的成员了，不用再考虑他们，不用再为保持会议的新鲜感而邀请外来的演说者，但森自己就可以充当每周的主讲，来客们不会知道有什么不同。

热情

> 我们告诉大家，怎样欢笑、兴奋都没有关系。

对下属团体重新定位，把他们也看作团队的一部分，会议组织者就可以获得他们积极的支持。每位成员都可以是预先精心准备的舞台剧演员，为潜在客户登台表演。他们的工作就是让现场的气氛高涨。要事先告诉他们一些安排，让他们在该笑的时候哈哈大笑（就算那个笑话已经听过50遍），微笑、点头、鼓掌、欢呼。

史密斯告诉组织者们，在会场上要创造欢乐的气氛，就像是在运动场上。但森说："有些人认为商会演讲时鼓掌和欢呼会让会议看起来不专业，可这不是美国集会，要知道在美国工作的好多人都破产了，那就是标准，我们正在努力做一些不同于标准的事情，我们告诉大家，怎样欢笑、兴奋都没有关系，你不必死板板地坐在那里表现专业人士的风范。"

音乐的力量

史密斯的创新中最有力的一点，恐怕是背景音乐。他在网络上列出了一些歌曲，并提示如何去运用它们。但森按照这位老师的教导，买回了单子上列出的所有歌曲。他回忆说："第一天播放音乐时，我们很快就看到了戏剧性的效果，会议室里的气氛显得更加激动，更多的人都加入了进来。"

史密斯推荐的歌曲，大多是很热烈的曲子，有很强的舞蹈节拍，就像NBA中的那些曲子。当演说者走向讲台时，但森开始播放像《YMCA》或《加油打气》(Pump Up the Jam)这类用电子乐器演奏的流行音乐，他会以迈克尔·巴夫的《做好准备前进》(Let's Get Ready to Rumble)和无限(Unlimited)的《为此做好准备》(Get Ready for This)作为会议开始的音乐。之后，出于特别的目的，又会播放一些特别的歌曲。他说："如果是一个比较保守的人上台演说，我们会播放莱特·赛德·佛瑞德的《我们要穿得'更性感'》(We'll put on 'Too Sexy')，在场的人都会变得疯狂起来。大家会享受到乐趣，没有人会觉得枯燥乏味。"

坚定的守则

欢乐和兴奋的背后，是严格的大纲和坚定的守则。会议的礼节必须严格执行，那就是说，指定的SWAT小组的领导人必须提前30分钟到场，每个人都有写着自己名字的徽章，也要为客人准备徽章。会议在星期一晚上7点准时开始，持续的时间不能超过45分钟。工作人员都要携带必须的文书以招募新成员。但森说："参加会议的时候就要做好准备，设想自己会在现场招募到新成员。"

就算是座位也要安排妥当，首先要坐满前几排，免得演讲者对着一些空位子讲话。开会时每个人都要坐下来，一定要坚持一位来客都不会离开会场。如果有人想离开，就和他交谈，不管说什么。这个方法很有效，因为会场的气氛本身就很热烈。

大纲

会议大纲通常是相同的。首先有人宣布会议开始，作两三分钟的介绍。然后演说开始，持续20分钟，可以照着事先写好的稿子念。为了打破千篇一律的演说，最好是两个人来说，每个人讲10分钟。当他们演讲的时候，在一个12英尺的屏幕上放映配套的图解，另一边还有工作人员用笔记本电脑进行一对一、面对面的销售介绍。

演讲后，主持会议的当地领导人上台，用几分钟时间介绍但森，然后由但森作总结性演说。之后，会议室里的销售领导人把椅子围成几个圈，每个圈里有一位下级成员，这样形成一个个讨论小组，回答圈里的潜在人选的疑问，然后引进新成员。在活动进行期间，但森行走于各个圈子，和所有新成员握手，恭贺他们、鼓励他们。

精华

史密斯的SWAT方案，在一定程度上打破了MLM的传统——不需要证明书。传统的会议会留出一些时间，让那些普通销售者上台，介绍他们的从业经历，有时候，在一个很简单的过程中，会出现十几份证明书。史密斯完全取消了这种做法。那不光是浪费时间，也降低了演说质量。个人证明显得很呆板，也比较感情化。一些人拿出的证明书简直是大杂烩，很多人津津乐道的成功，在行内看来只是很普通的成就。

“史蒂夫说，我们在前台所需的都是精华。”但森说。召开会议之前，他的团队成员们会举行实践性的模拟会议，大家轮流演讲，每个人都要拿出最好的状态，只有那些具有突出品质的讲演，才会有机会在每周的实际会议上得以表现。

鞭策

一个守则不会自己遵守自己，它需要有人去执行。在一次会议上，但森注意到下级成员中只有200人出席，还不到总数的50%，他马上给下级团队发出语音邮件：“我觉得我的团队出现了很严重的问题，也许我不该这么做，可是如果你们对于自己的经济自由都没有热情，我可以考虑重新组织我的团队。”

> 但森说，守则的关键是，让你的团队明白，大家是作为一个团队在工作。

大家很快就有了回应。但森说：“他们都来了，下一次会议他们全都到齐了。”

你不能强迫他们出席，但你可以提醒他们，这会给他们的经济收入带来什么样的影响。如果他们失去负责人的支持，就会失去成功的机会，这样的威胁足以震慑大多数人。但森说，守则的关键是，让你的团队明白，大家是作为一个团队在工作。“我告诉他们，谁也没有办法凭自己的力量营造兴奋的场合，我自己也做不到，唯一的办法就是：每个星期我们大家来开一个热闹的会议。”

复制

大家来参加会议的时候，会从中得到有关超越的强大信息。每个人都可以亲自见证这个招募会是多么地有效，也会看到，带他来的负责人工作多么容易，把人带来以后就坐在旁边，剩下的全交给会议主持人了。

那些需要招募自己下级团队的人，可以积累经验，开始发展下级伙伴。他们很多人最终会选择主持会议，当然这也不是必然的。大多数人仍然以兼职的形式工作，他们的工作就是每周招募新成员，每个星期一的晚上，把人带到会场来，度过45分钟，对这些人来说不是很大的时间成本，所以，SWAT系统为他们构建事业提供了可靠的基础。

瞬间成果

但森采纳了SWAT大纲之后，成效很快就显现出来。过去来参加简会的人数不到120人，采用SWAT大纲后，人数跃升到300至400人，在某些特殊的晚上，来客的人数变化在70~200之间。

但森的佣金也在直线上升。“我看到自己的收入从这个月到下个月会提升2万美元，这真是出乎意料。那些数字就这样蹦了出来。”如今，但森每个月的收入在8万美元至10万美元之间浮动。他说：“史蒂夫·史密斯如今把我当成SWAT的最大典型。”

21世纪会议

很多网络直销人都把过去成熟的MLM酒店会议看作是历史遗迹。新科技让人很容易在自己的起居室和几位客人召开非正式的商业简会。你可以邀请朋友和熟人，通过卫星或网络电视一起观看销售集会的情况，或者通过喇叭扩音器倾听公司组织的电话会议。对大多数人来说，更有趣的方法应该是在一个下雪的黑夜，带上你的客户来到一个有露天走廊的旅馆，共度一夜。

但森相信，在网络直销事业中，总有地方举行生动的会议。“这让大家感到兴奋，如果我招募的新人在第一个星期就挣了1400美元，我会想要自己所有的团队成员和他面对面接触。”超越计划在网上开展音频广播，但森对此表示赞许。不过，他只是把新科技看成辅助工具，那并不能代替SWAT系统。“我可以通过广播让我那些家住郊区的成员收听我星期一晚上的会议。”

信念

什么因素能在21世纪运作生动的会议？但森说，是交钥匙系统，也就是史蒂夫·史密斯阐明的SWAT系统。事先制订好的大纲、事先准备的演讲稿、影像呈现、严格执行的规定，等等，都有助于规范工作，减少错误。但森的经历已经说明，如果你坚定地一步步跟从SWAT系统，工作就会运转起来。

“那就好比是烤蛋糕，在和面以前，你得尝一下味道，如果你不喜欢这个味道，那就别用它，尽管面粉是主要的原料。” 面对那些不同导师所提供的不同的成功要素，网络直销人员很难判断，而这些成份对于“蛋糕”的成功尤为重要。想要成为第四级的营销人员，你就要有自己的信念，要勇敢地相信自己的导师，相信他提出的理论，并且给出机会在市场上加以实践。但森·泰勒就表现出了这样的信念，所以他才能够长期收获自己应得的报酬。

第六部

WAVE4 运作系统

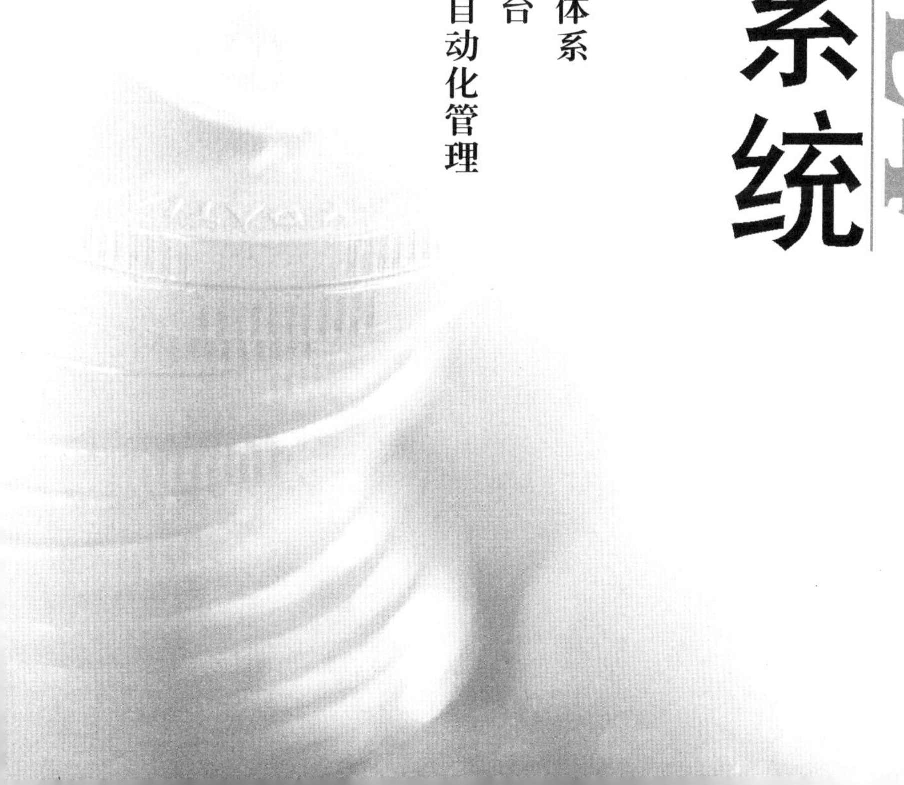

第二十五章
寻求一种体系

约翰·瓦伦提心里很是忐忑不安。他从小到大接受的教育就是，努力工作才能获得成功，可如今，他不太肯定了。他夜以继日地努力工作，已经竭尽全力，然而每个月，他都会陷入借贷的漩涡。23 岁的他计划挣到 10 万美元就足够了。他说："我的生活并不是我所想要的，不管我如何提高工作效率，净收入还是不够。"

朋友和律师都督促他申请破产，但这有悖于他的本性。"我是一个负责任的人，对我来说，负债可不是儿戏，那不是可以协商的东西。我知道，如果别人欠我 10 万美元，还拒绝偿还，那就是要了我的命。己所不欲，勿施于人，哪怕对方是一家大公司。"

约翰意识到他需要一个系统，一种做事的方式，可以让他的努力得到多倍的回报。只有通过这种方式，他才能扭转自己的局面。"我就是要找出那到底是什么。"

E 神话(E-Myth) 的受害者

在第十三章中，我们讨论了迈克尔·基伯的神话理念，那是指头脑中突然出现幻觉，然后开始自己的事业，然后获得自由。事实上很多小企业的老板却有截然不同的经历，他们的企业变成了残酷的工头，比那些公司老总要求的还多。约翰·瓦伦提也是这样的情况。

他上高中时就辍学了，然后开始机动车维修工作。几年之后，他有了自己的维修车队，在圣地亚哥巡回做一些现场修理，每个月有 3 万美元的收入，不过利润很薄，加上生活开销也大，到 21 岁的时候，他已经负债累累。他苦苦寻求解脱的办法，有一天，在分类广告的商业信息板上，他看到了 MLM 的广告。

《第三波》

约翰对网络直销有所耳闻，不过他从来没有认真关注过这个行业，对 MLM 内部的工作也知之甚少。如今，他注意到报纸上很多分类广告都在宣扬 MLM 带来的机遇，他想，说不定值得试一试。他说："不管是什么时候，只要开始做一些新的事情，我首先要到书店里买一本相关的书。"这次，约翰发现了《第三波：网络直销新时代》。

"我开始阅读《第三波》，"约翰回忆说，"就像被闪电击中一样，网络直销就是我要做的，它就是我一直以来苦苦追寻的事业。领导关系、复制、运用别人努力的方式，这都是为我而生的。"

交钥匙幻境

特别吸引约翰的，是《第三波》中介绍了一种新型的 MLM 公司，它的交钥匙系统可以让工作的许多方面自动化。他梦想着通过自动驾驶仪来管理下级团队，拥有高科技系统和标准化的程序，可以自行完好地管理自己。但是这种未来形式的公司真的存在吗？约翰决定找出来。

> 他梦想着通过自动驾驶仪来管理下级团队，拥有高科技系统和标准化的程序，可以自行完好地管理自己。

第一次打电话咨询的效果，让他灰心。他拨通了分类广告上一个提供 MLM 机会的电话号码，一位女士接听了，可这位女士对该行业的了解似乎还不如约翰。约翰回忆说："她就像是站在汽车车灯前的小鹿，很害怕，非常不安，显然她不想和我说话。"约翰随之提出一系列比较尖锐的、有关这个行业的问题，这位女士显然无法回答，这些问题只会加深她的不安。

遵循系统

事情的发展对约翰来说，就像是走到绝路上了。如果说这位女士连有关这个行业最基本的问题都无法解答，那她如何胜任负责人，又如何培训约翰？约翰禁不住问自己。这种对网络直销的介绍，还真是让人沮丧。不过约翰也认为，一个成功的商业系统也会出现一些意外情况，如果网络直销真的有用，它就会有自己的步骤和程序，这样才能顺利度过灾难时期，克服障碍。可是什么样的程序适合这个行业呢？

约翰的脑海里只有一种MLM系统，那就是《第三波》中提到的那种。在他看来，这本书正好触及了这类问题。不过它说的是什么呢？记得书中这样说："当你进入网络直销行业开始工作时，你本身对公司来说，不过是微不足道的小角色……你能做些什么呢？**追踪上级**。那就是说，你要在你的上级团体中寻找一位成功人士，而他也很愿意充当你的导师，然后，靠这个人的魅力，吸引新成员加入。"

不要让自己成为问题

约翰认为这就是问题的关键。没有人告诉过那位女士，要去追踪上级，她无法回答约翰的问题时，应该这样考虑："说实话我只是个新手，可我认识这个行业中一些很成功的人，我应该马上和他们联系。"如果她的上级负责人有空，她就应该马上开通三方通话，安静地倾听负责人的指导，这就是《第三波》所提倡的。

既然连门外汉约翰都了解这些，为什么她不懂呢？约翰觉得，她是不会看书。约翰相信："我只要看书，就会比她了解得更多。"他决定去追踪她的上级，他又把电话打了过去："您有上级负责人吗？"对方回答："有。"他又问："叫什么名字？"连哄带骗，他搞到了那个人的名字和电话，那个人叫特里。他仅仅是遵循系统程序，就清除了第一道障碍。

寻找来源

约翰回忆道："特里是个精力充沛的人，这种类型的上级负责人，我在《第三波》里读到过，他们不会只考虑自己，总想为别人做些事情。"特里很愿意指导约翰，不过约翰很快意识到，他知道的也很有限。"他有很多实践经验，也能解答我很多疑问，但在某些方面，我知道的比他还多，因为我读了《第三波》。"

约翰以前的经历也助了他一臂之力。特里传授的客户系统，就是直接邮寄，他并没有提倡网络直销的传统方式，如开发亲情市场或陌生人市场，他只建议约翰从经销商那里购买邮件发送清单，然后寄出录音带。这给约翰很大的启示。在以前的工作中，他做过很多直接邮寄的事情，不过他仍然觉得，特里在这方面的了解是有限的。

公司里有一位高出特里三级的、很出名的邮寄巨头，名叫查尔斯。特里的东西是从他那儿传承的。约翰说："特里认为这种方式很全面，而且是首创。可我过去干别的工作时整天要干的就是这些事，一遍一遍寄出相关信息和成套材料。"他觉得是时候再次追踪上级了。也许查尔斯就拥有他一直寻觅的交钥匙系统，也许直接邮件就是下级自动化管理的关键。

第二十六章

合适的平台

“专业地邮寄广告性印刷品，需要花很多钱，创作、检验、制造高品质的包装等等，这需要很大的投入。”在Turbo从事直销工作的汤姆·斯科瑞特这样写道。

如果要选择邮递的方式，斯科瑞特给出了很简单的建议：不要做！斯科瑞特告诫说，传单、邮票、录音带、已付邮资的往返信封、给提供名单的经销商等等，都要支出一大笔费用，如果要寄出5万份，马上就扔掉2万美元。直接邮件通常会有2%的回复，但不能保证你可以获得更多。斯科瑞特说：“回复的邮件比率没有平均数额，因为邮寄的形式不存在平均数值。”

高风险，高回报

出于以上的考虑，斯科瑞特建议刚加入网络直销的成员，采取传统的面对面的招募。他的建议很合理，没有人会不顾高风险地采纳邮寄形式，万一支付了很大的费用却没有效果，那就会变得一无所有。对于那些愿意冒险的人来说，回报也是丰厚的。如果掌握了有关直接邮寄的有效的交钥匙系统，所招募的人数也会增加很多倍。这种形式面向的人群非常广泛，不会受到地域的限制，而且消除了面对面招募或给陌生人打电话时的心理压力。问题的关键在于，你要找到可以减少风险、获得高回报的系统。这就是约翰·瓦伦提要做的事情。

自动搜寻你的亲情市场

查尔斯是直接邮寄的高手，他的系统运作得很好。在他的帮助下，约翰很快就通过邮寄录音磁带组织了自己的下级团队。约翰回忆道："有很多人在嘲笑我们，总说：'应该学着去运作你的亲情市场，向你的负责人学习，通过传统的方式组建团队。'"

不过约翰认为，如果直接邮寄为你带来了成功，亲情市场也会对你有所关注。朋友和家人注意到你的事业有了起色，这种不争的事实就会引起他们的兴趣，也就无需喋喋不休地向他们介绍你的工作了。"我们会告诉大家：'你不需要和朋友、家人谈那么多。'直接邮寄的形式，就能完成很多工作。"就这样，约翰招募了很多成员。如果采用面对面的形式，这些人说不定不会对网络直销产生任何兴趣。

寻找正确的市场

然而约翰和公司之间出现了一些问题。公司销售的是天然保健产品，例如海藻胶囊，针对的是那些比较特别的素食者、嬉皮士和有着保健奇想的人。约翰说："这是一类奇怪的群体，我也说不清楚，反正这些人不是我想共进晚餐的人，也不在我的亲情市场范围内。"约翰发现，向外界推销这种狭隘的产品真的很难，"这样的东西没有办法让我去做好我的工作。"

公司的氛围也制约了约翰的工作。在约翰的下级团队中，从言谈中可以听出，他们当中很多人更关心的是环境而不是收入。公司的惯例也不主张大家坦率地谈论自己的收入目标。他从不回避自己的野心，他到这里来，就是为了钱，目的很单纯，也很简单。每天晚上，他坐在床上参考《第三波》中介绍的指数算术，手里拿着钢笔、稿纸、计算器，忙个不停。他说："我的目标不是让自己变成有魅力的人，我只对那些数据感兴趣。我要知道是否可以挣很多钱。每天晚上我都在计算，每当我觉得比较沮丧的时候，就开始计算，这会给我带来希望。"

牛排对抗嗞嗞声

约翰知道直接邮寄对他的工作有益，可他需要合适的平台。如果他能找到一种他认可的产品，公司的氛围也能培育他的野心，他的事业才能起步。加入第一家公司 3 个月后，约翰开始寻觅下一个公司，这个过程很辛苦。他发现，很多公司都很重视激发大家的激情。在一次会议上，几个专业演说者的讲演吸引了他，他说："我以前从来没有见过，我很快就被这种魔力吸引住了，我陶醉在其中。"

一个自称属于重量级团队的人，苦口婆心地纠缠约翰。可是约翰很快发现，这些人采用的守则是"首先是欺骗，直到获得真正的成功"。他说："这些家伙穿着3000美元的衣服，却开着1200美元的沃尔沃汽车或丰田汽车。他们不是在挣钱，这真让我感到沮丧，因为我想要的是真正的成功。”

决不妥协

对于自己的失望，约翰不会羞于启齿。他对着这些装腔作势的人说：“你们这些家伙真是很搞笑，我这就离开。”约翰以为对方会很生气，没想到其中一人看起来对他的话很赞同，还伸过手来说：“没错，我也要离开这里了，我再也不能忍受人们在我面前走开了，这种事总是发生。”约翰和他的新朋友一起离开了会场。

这个人在外面问他：“你到底在找什么？”约翰想了想，说：“我读过《第三波》这本书，我想，我要寻找一个公司，可以运作保罗所说的系统。”这个人从来没有听说过《第三波》，于是他也跑去买这本书。

三个星期后，这人出现在约翰家门口，带来了一盘奇特的录音带，叫《我讨厌推销，不喜欢招募成员，可是我喜欢通过网络直销成为有钱人》。带子的制作者是位于亚利桑那州潭蓓谷的一家名为新视界（New Vision）的营养品公司的代理。约翰的朋友认为，这就是约翰一直在寻找的公司，这家公司可以给他提供构建下级团队自动化管理的平台。录音带的题目当然引起了他的注意，公司在交钥匙系统方面的承诺，也符合《第三波》的介绍。约翰觉得，这也许值得打听一下。

第二十七章

下级团队自动化管理

新视界国际有限公司（New Vision International,Inc.）成立于1994年，也经历了很多成长的辛酸。有关饮食、皮肤护理、营养产品的销售，都出乎人们意料地快速增长，每个月的销售额达到50万美元，头六个月内，公司的电脑化会计系统甚至因为超负荷工作而瘫痪了。业绩的快速增长，也使电话系统的运转能力达到极限，一次又一次的升级还是无法解决问题。新视界一更换电话系统，电话量就上升，随后系统又一次瘫痪。整整一年，打到总公司的电话总是占线，产品订购也被拖延。

詹森和B·K·伯瑞克是兄弟俩，一起创立了这家公司，他们也从错误中吸取了教训。兄弟俩也是从网络直销行业起家的，他们的父母就是Matol和安利的推销员。伯瑞克兄弟知道，网络直销的成功，取决于对下级基层销售人员的支持。他们引进了一种高科技，把新视界转变成21世纪自动化管理的典范。

招募下级的工作人员，可以24小时随时通过电话或网络进入公司的电脑系统，一个75000平方英尺的自动化仓库，可以快速、可靠地保证订购货物的需要。如今位于亚利桑那州潭蓓谷的公司，每年收入达2亿美元。其快速的增长，使得伯瑞克兄弟俩在1998年荣获安永（Ernst & Young）年度新兴企业家称号。

精选牛肉片

约翰·瓦伦提1995年加入该公司，当时，这家公司的21世纪基础建设仍在开发当中。不过公司的发展速度让约翰看到它辉煌的将来。他说：“公司就像我的家一样，新视界很符合《第三波》的描述，他们有着单层酬劳计划，可以支付相当可观的佣金。”不过，约翰似乎对上级负责人有些缺乏信心，正是这个人录制了《我讨厌推销，不喜欢招募成员，可是我喜欢通过网络直销成为有钱人》。第一次见面，约翰就觉得这个人有点油腔滑调，他的名字叫鲍勃。

“在一次饭店会议上，我第一次听他演讲。他的演说无可挑剔，用词很华丽，对每一个有异议的问题，也都能做出完美的答复。可我就是不喜欢。”约翰回忆道。他从不信任那些油腔滑调的人，他要的是牛排，而不是牛肉在铁板上的嗞嗞声。“我想让他出丑，就问他：现在能挣多少钱。”

这个人也加入新视界不久，那个月，他仅仅争了3500美元，上个月是2000美元。不过他拿出了一张收入表，那是他在另一家MLM公司的成绩：90万美元。约翰觉得这可不是嗞嗞声，而是精选的牛排，他当场就吞下了自己的傲慢。“在我认识的人当中，没有人能挣这么多钱，我说：‘鲍勃，告诉我怎么做，我很灰心，我会听从你的指导。’”

20盘录音带，20个人

鲍勃的系统很简单：“带上这20盘录音带，分给20个你能联系到的人。如果他们都不愿意加入，原因就是，也许你不应该给他们，要么就是他们不适合你。”

对约翰来说，用20盘录音带招募20个成员似乎很荒谬，但他决定听从指导。“我发出了20盘带子，我还跟踪调查那些拿到带子的人，我要确认他们都听过了磁带。”只有4人愿意加入。“我觉得自己真失败。”不过让他大吃一惊的是，鲍勃说他做得很好。鲍勃说，下一个任务就是分发更多的录音带，他肯定可以组建一个颇具规模的下级团队。

向前迈出一步，向后倒退两步

这种方式真让人惊讶，不需要花费时间、精力，也不用苦口婆心去劝说别人，只要发放录音带就行了！接下来，感兴趣的人自然会加入。然后让每一位下级成员做同样的事情——分发20盘或更多的录音带，一直重复下去。产品的供给由公司负责，你甚至不知道你的客户订购了多少产品，直到你领到月薪支票。

看上去很简单，可是也存在陷阱。约翰的收入增长速度非常慢，他说：“我第1个月的收入是187美元，电话账单是500美元。”他希望通过直接邮寄加快挣钱的步伐，他同时寄出了100多盘录音带，回复的比例只有2%。他说：“当然，我要把数量减半。”这就是说，发出100个邮件，只能招募到1个成员，每个成员最初订购产品的平均值仅为56.85美元。

层次越深，佣金越高

一切看上去都毫无希望。一天晚上，约翰坐下来，拿出计算器开始算起来。《第三波》说过，网络直销成功的关键，不仅仅是你招募了多少成员，还要看你的成员们招募了多少新成员，以此类推下去。收入来自你团队的下游，下游人数多，佣金的比例就高，增长指数也更显著。约翰说："我开始注意指数的增长，我认为，关键就是让更多的人发送更多的录音带。"

> 收入来自你团队的下游，下游人数多，佣金的比例就高，增长指数也就更显著。

约翰认为，他要做的就是，督促一些人真正按照他正在做的事情去做——发送1000份邮件，可以招募10至20人，然后，要求这些人当中的两个人分别去招募两人，就这样继续下去。如果他可以让自己团队的级数多起来，那么，指数的增长就可以让他富起来。

欢迎包裹

实践证明，小小的创新对约翰事业的转变极为关键。吸取先前直接邮寄的经验，约翰制作了一种欢迎包裹，送给那些对邮件有所反应的人。这些人对构建自己的团队大多不感兴趣，或完全不感兴趣，他们加入只是充当单一的发送者，为的是可以享受物品的批发折扣，不过，他们可以购买产品。约翰觉得这些发送者是成为下级成员的潜力军，给他们寄欢迎包裹，可以激发他们迟缓的野心。

包裹中有欢迎信、招募者的名片，以及新视界的一些销售材料，最重要的是，还有4至6盘录音带，说明了产品的保健功效，另外还有一张手写的信纸，请求收件人把这些带子分发给他们关心的人。约翰说："也许10个人中会有1人照做，不过，对于数量的增加，这就足够了。"

收效甚微的潜在人选

这种新方法很符合《第三波》中提到的"收效甚微的潜在人选"的概念，就是说，这样的招募并不会带来很大的成效，当他首次采用欢迎包裹时，他很重视"收效甚微"这个概念。他说："我们甚至都不会和人们说分发者的工作是什么，我们给他们寄欢迎包裹，包裹会告诉他们。"

如今，约翰在送给大家欢迎包裹之前的谈话都很简短，他说："我发现即刻询问对方的效果比较好。"就要和对方结束首次谈话时，约翰会问："有没有兴趣再多挣点钱？因为我正在发展我的事业，我可能需要一些帮助。"就算对方拒绝，他们还是拿走了欢迎包裹。约翰发现，预先打下基础可以增加招募的比例。

不合格的潜在人群

很多网络直销商在招募过程中会用到"不合格"这个词，那就意味着，不要浪费时间去苦苦哀求别人加入你的下级。如果你感受到对方抵制的暗示时，马上把他当作不合格对象放弃，礼貌地结束谈话，然后寻找下一个人。这种策略不仅会节省你的时间和精力，也可以避免招募到一些以后给你惹麻烦的人，因为被逼加入团队的人最终会整天抱怨，或干脆放弃。

约翰是在偶然间发现这种"不合格"策略的。当他负债累累时，为了让汽车修理工作得以继续，总是超负荷工作，收入却很低。他的沮丧情绪，让他的工作变得很紧张，他说："必需品是最基本的东西。""我努力争取，我很热情，但我没有讨好别人，也就是说，'你想和我一起做这件事吗？或是不想？'"如今，约翰尖锐的一面已经磨圆了不少，他在下级招募者身上也看到了这一点。他说："我招募的人员都是对此有迫切需要的人，他们会全力以赴达成自己的目标。我会提拔那些动机很突出的傻瓜，而不是那些很机灵，但目标模棱两可的人。"

全力前进

约翰采纳欢迎包裹后的两个月内，几何增长的力量便出现了。他打算劝说 8 个人采纳这个方法，这已经足够了。那个月的总销售额是 25000 美元，约翰得到了 2087 美元。

他说："事情的变化足以证明，我们正往上走。"到了第 3 个月，销售额达到 10 万美元，约翰的收入变成了 8200 美元。他下决心关闭汽车修理业务，全力投入 MLM。他回忆说："我拿出我的所有存款，卖了所有的卡车，这让大家觉得，我正在搞赞助，因为他们发现我放弃了每月收入达 3 万美元的工作。"如今，约翰成了新视界的高级执行者，每年纯收入超过 100 万美元。

第四波开拓者

约翰的成功，主要得益于他遵循相关的系统程序。一旦他发现了好的方法，就会一丝不苟地执行，直到有所收获。约翰对《第三波》的坚信，使他成为了第四代开拓者。加入新视界 4 年后，他对交钥匙系统的追寻，使他从录音带开始越走越远。

如今，约翰有了高科技——Earnware（收入器）的支持，这是他开发的一套自动招募系统。装备了Earnware，就算是最稚嫩的新手也可以发表连贯的销售演说，并且像专业人士一样追踪他们的成果。

约翰的经销商为了招募成员，采纳了诸多MLM常见的方式——口头表述、名片、小册子、明信片、传单、网站、商业信息片、高速公路上的广告牌等等。团队里的每个成员都有800免费电话号码，如果有人看到广告打电话来问，他们可以自动与电脑化的Earnware系统联系。

事先录好的信息，可以促进产品的销售，也可以带来机遇。在信息结尾处，可让打电话的人选择订购物品，或要求回复电话。Earnware系统与传统的电子语音邮件营销类似，不过相似点也就这些。

自动追踪

面对普通的电子语音邮件系统，大多数人会挂上电话，不留下什么信息。你根本就不知道有人打过电话。但是Earnware能够自动记录每个电话号码，这个信息会被传送到交互式网站，在那里，你可以了解具体情况，例如谁打了电话，他们倾听销售演讲的具体时间是多少，这些重要的信息，可以帮助你排列出回复电话的优先顺序。例如，比起听了30秒就挂断电话的人，听了3至5分钟的人应该优先回复。

约翰说：“有了Earnware系统，网络直销商很快就可以掌握情况，因为这是一个自动化的系统，可以使网络直销商专注于关系的培养，体现自己的和善，培养新成员。”约翰通过他在加利福尼亚的公司卡尔斯巴德加利福尼亚公司（Carlsbad California）出售这个系统（www.earnware.com）。

梦一般的生活

如今，约翰和他的妻子夏伦过着梦一般的生活。不过约翰永远都不会忘记，为了成功，自己曾经付出那么多。回忆起在新视界的早期生活，他说：“那是我一生中最孤单的日子，每个人看起来都是我的招募对象，每个人都是我利用的对象，我没有真正的朋友，我向妈妈、祖母、好朋友借钱，就为了苦苦支撑，获得销售资料。但是那些日子结束了，我还帮助他们当中大多数人成了百万富翁。现在到了晚上，我也可以踏实睡觉了。”

约翰希望下级团队中的其他人不要像他一样辛苦。他常常在思考如何从不同的方面改善自己的系统，使之更现代化。Earnware 系统使约翰梦想中的下级团队自动化管理变得鲜活起来，不过奇特的软件不是万能药，他从自己早期的网络直销工作中学到的知识，不论是在电子网络时代，还是在过去为了 1% 至 2% 的回复率而邮寄录音磁带的时候，都是真理。规则就是：找到一个有效的系统，遵循这个系统。

第七部

讲述你的故事

WAVE4

第二十八章

故事的力量

俄勒冈州尤金的凯琳·吉本斯，是一位MLM的成功人士。随着2500人下级团队的建立，和每月2500到3000美元酬金的获取，她意识到，自己比绝大多数人做得更好。为什么她想放弃呢？她不太确定，只知道在近几个月里，一种极度不舒服的氛围似乎蔓延到她事业的各个角落。她的下级队伍反映迟缓，毫无生气，一连好几个月过去了，几乎看不到任何增长。

"在大约一年半的时间里，我的收益没有任何增长，整个停滞不前，也看不到任何进展的趋势。我开始考虑，那个公司或许真的不适合我。"她与负责人进行了详谈，那个人在耐心听完后说了这样的话："你可以离开这家公司，到另外一个挣钱更快的公司，但那并不意味着你将获得更多的财富，无论你在哪家公司，都要靠你自己。"

认识自己

那位负责人的一席话，深深震撼了凯琳。一直以来，她将自己的MLM工作当作一种对行业资质的测评。自18岁开始，为谋求成功，她转战于各个网络直销公司，其中一些实际上在诈骗，另一些的不合理配额也让她望而却步。但在过去的24年里，她从来没有屈服过。难道自己正变得脆弱了吗？她不禁怀疑起来。难道在成功的边缘开始丧失信心了吗？

"我开始怀疑我到底有多少精力，"凯琳说，"我能够支配的、能够发挥的精力到底有多少。"至少，她想到，继续留在该行业的决定，将会铸就她的良好素质。而且，如果她的负责人的一席话说得没错，她也会变得更坚强，在行业中也会做得更好。她决定留在原来的公司。后来事实证明，这个决定甚至是她一生中作出的最好决定之一。

故事家

凯琳擅长说故事，乐于同潜在人选分享在MLM的个人心得，建立良好的关系，把他们纳入自己的商业网。“你的故事是你拥有的进行招募的最强有效的工具。”她说。

这也是最容易的方法。讲自己的故事，就像吃饭或呼吸一样稀松平常。凯琳常常只用一些简明扼要的话来讲她的故事。故事讲述了一位女性全力以赴寻求经济上的独立自主。她曾经从事很多工作，当过艺术模特，也在好莱坞做过化妆师。那时候她就开始创建自己的事业了，一边在洛杉矶经营她自己的形象设计公司，一边掌控一家位于亚利桑那州的盐池中心。但是，只有网络直销才能满足她的需要：剩余收入。而且，目前这家公司——友瑞（Neways Inc.）有限公司——提供了这种产品，这种薪酬体制，以及她在进行MLM工作中所需的支持。

保健意识

凯琳和她的丈夫道格拉斯，都有很强的保健意识。他们是一对素食主义者，吃的是原生食品，并且，日常家用的清洁剂和个人生活用品也是纯天然的。在来到友瑞工作之前，凯琳已经在一家销售草药保健品的网络直销公司工作。最初，当她的一位朋友游说她到一家名叫友瑞的公司时，她并不愿意。她觉得在原来的那家公司很愉快。

但是那位朋友坚持不懈。他对凯琳说，如果她对那份工作不感兴趣，对那些产品会怎么样呢？“你知不知道，你和孩子们每天的个人生活用品中，可能含有有害成分？”这话让凯琳很生气。“那是绝对不可能的，”她坚持说，“我的洗发香波和化妆品，都来自保健用品店。”那个人抱以理解的微笑，并递给她一张清单，上面罗列着含有有害成分的化学物质。他让她检查一下自己家里那些洗发香波、化妆品……的说明书，看有没有这些物质。

双投

凯琳听从了他的建议，令她震惊的是，在她的洗发香波、洗面奶和其他个人消费品中，都或多或少含有部分有害物质。“我扔掉了大约价值500美元的商品，”

她说，“我自己在保健用品店工作，获取的产品却不安全，对此我感到非常愤怒。”但是另一方面，友瑞能保证它的产品对人体无毒、无刺激。

“无论何时，只要我投中了机遇，我就投中了产品，”凯琳说，“同样，无论何时，只要我投中了产品，我也就投中了机遇。”在某个时间段，二者中任何一个都可能吸引你的潜在人选，只是你无法知道，到底是哪一个。在凯琳的案例中，首先吸引她的是产品。凯琳在准备好离开那家公司之前，很早就被友瑞的生产线吸引了——它生产的产品从纯天然保湿产品、头发定型剂、化妆品，到生态环保的汽车燃油和燃料添加剂，可谓一应俱全。

有感染力的故事

最初，凯琳打算同时服务于两家公司。她自己使用并销售友瑞的产品，同时又为另一家公司招募下级团队。但很快，她意识到友瑞的故事更富有感染力，她要做的就是把自己家里曾经到处有毒的事情讲出来，再把毒物的清单递给他们，让他们自己看着办。

产品非常畅销，但是这个机遇表现如何呢？一天，凯琳和她的丈夫参观了友瑞公司位于犹他州塞伦的总部，在那儿工作的人都非常正直诚实，这给他们留下了深刻的印象。公司的规划深深吸引了凯琳——严格一致与“温和”开放的管理模式相结合，既可以让他们从下游获取可观的利益收入，也允许兼职的人从上级那里获取较好的酬金。“我们回家后就下定决心，要全身心投入友瑞公司。”凯琳说，“我们从来都没有向后看。”

重新考虑

的确，他们从来都没有向后看，直到三年后他们的事业开始停滞不前。凯琳向她的负责人讲述了她的受阻状态，之后，那位负责人所说的一席话一直在她的耳边回响。无论你在哪家公司，那人说，你能控制的都是你自己。所以，如果那不是公司的错，难道是自己做错了什么吗？凯琳开始追问自己。

一天，凯琳同友瑞的另一位分销商就这个问题进行了探讨。“只要我还能够奋斗，我就想在网络直销行业中取得成功！”她对他说。但是太困难了。凯琳连她所需要的那种复制似乎都无法获得。让人们签约加入很容易，但是激发他们去发展下级队伍却非常困难。凯琳甚至感到，自己都想拽着他们，连喊带踢地将他们拖过终点线。

饥渴的马群

“我想，牵马去饮水很容易，但是你无法强迫它张口喝水。”凯琳的朋友总结道。这真是一语惊醒梦中人。没错，她自言自语说，*那就是问题所在，我所需要的就是更加饥渴的马群!*

凯琳意识到自己应该走出去，挖掘那些已经受到激励的人，那些在网络直销行业中已经拥有成功记录的人，而不是努力激励下级团队做得更好。如果在团队中再多几位领军人物，就一定能促进发展。她暗下决心：“我内心开始接受这个事实，外面的确存在着更饥渴的马群。”唯一的问题是，如何将他们纳入麾下。凯琳又运用了一个简单而高效的技巧，这个技巧在过去曾经很好地帮助过她。

第二十九章

交好运

凯琳长久以来一直都坚信目标明确的强大威力。多年以前，她成功地运用形象化技巧找到了自己的丈夫，这也是运动队和公司执行人惯用的技巧。她做得很棒，后来她把这些经验写进了一本叫《嫁个聪明人》（Marrying Smart）的书。

凯琳在32岁时决定结婚。她决定以经营事业的方式来实现这个目标。首先她列出了一个清单，包括她理想丈夫的所有品质，并且开始对他形象化。然后，她向所有的人讲述这个愿望。仅仅是向人们坦诚这个愿望，就让她的行为举止发生了奇妙的变化。她不再那么容易害羞了，生活也因此备受关注。她的亲朋好友组成了亲友团，用他们自己的方式为凯琳列出了一长队他们认为合适的候选人。

注重仪式

祈祷，无论是把它当作对超强能量的祈求，还是仅仅作为一种集中心智的技巧，这种方式的确行之有效。凯琳为实现愿望而祈祷，她不仅采用传统的方式，还通过某些特殊的仪式，让她的目标更清晰、更强烈。

凯琳的一位同事曾经告诉她，美洲土著人有一种仪式：把愿望写在一张纸上，把它点燃，把烟雾吹向地球的四个角。凯琳照这样子，一天三次、连续三天大声读出她的愿望，然后在第三天将纸片烧掉。令人惊异的是，就在烧完后的第二天，她遇见了道格拉斯——命中注定要成为她丈夫的那个人。她一开始根本没想到，两人认识几个月之后才开始约会。后来凯琳翻阅从前的日记，发现他们的相识也许在偶然中包含着某些必然。

寻宝图

对凯琳的成功，读者们可能都有自己的看法。凯琳自己通过这次成功更坚定地认为：祈祷、形象化和立志，是达到既定目标的有力工具。

她把这些方法也运用到网络直销的事业中。在她认定下级团队需要更“饥渴的马群”后，仅在一周之内，雄心就开始重振。“我开始重新设定目标，设立远大的目标！”

她所使用的一种方法，就是众所周知的“寻宝图”训练法。她翻阅了很多杂志，把其中最能唤起人们心底愿望的图片剪下来，拼成一幅图。寻宝图描绘了这样一幅情景：一幢大房子、一部新车和一张百万美金的支票，以及她的孩子们到迪斯尼乐园的游玩，等等。凯琳将它挂在墙上，天天看，这使她头脑中的目标更加具体化。在她重新许下誓言后不久，她的事业结出了出人意料的硕果。

时刻准备着

机遇总在不断地出现，但只有少数足够明智的人才能识别，而那些准备好利用机遇的人，就更少了。“除非你时刻准备着抓住机遇、从中获益，”世纪之交的激励大师奥里森·斯威特·马登（Orison Swett Marden）说，“否则，机遇只会让你变得荒谬可笑。你利用机遇是多么训练有素，机遇对你的价值就有多大。”

> 机遇总在不断地出现，但只有少数足够明智的人才能识别，而那些准备好利用机遇的人，就更少了。

凯琳的方法不仅仅是简单地祈求好运。如果她没有花几年的时间耐心训练自己建立下级团队的基本技能，再好的机遇对她都没用。在她所掌握的技巧中，有一点就是，针对各种特定的寻求新人的环境，讲恰当的故事。机遇很快会出现在她面前，随后她就可以用这种技巧将其发挥到极致。由于这些年的勤奋努力和坚持不懈，她已经做好了充分的准备。

聊天室寻求新人

经过几年时间，凯琳形成了一套在网上寻求新人的战略，这种方式充分利用美国在线的MLM聊天室。聊天室能够让志同道合的人聚在一起，通过键盘实时交换信息。凯琳在聊天室建立关系，将她新选定的潜在人选列在密友列表中。这种密友列表是美国在线的一项功能服务，每当你的密友登陆美国在线，它就会通知你，然后你就可以给他发短消息（IM），他也能马上回复。

"你可以用短消息不断地吸引那些人的注意，"凯琳说，"你可以询问他们，是否浏览过你的网站，或者收听过你的自动语音回复。"比较困难的是如何将你与潜在人选的关系从网上发展到电话上。"一旦你拿到他们的电话，"凯琳说，"就可以运用所有的传统方法，例如三方通话或电话会议。"

内部情报

"经商的秘密，"亿万富翁船舶业大亨欧纳西斯·亚历斯多德说，"就是知道别人都不知道的一些东西。"考虑到友瑞的主要竞争对手，机遇对于凯琳而言就是内部情报。友瑞已经通过销售一种被广泛认为具有青春常驻作用的生长激素而获得了巨大成功。凯琳也看到其他一些 MLM 公司在引入一些替代的健康产品以后，也像挖到了金库一样，而且后来这些产品在大众市场上非常流行。

"当年最热销的 MLM 产品，"凯琳说，"就是胶质矿或活性剂。"1999 年 6 月份，友瑞推出一款名为"Biogevity"的极具竞争优势的生长激素产品，价格不到同类产品的一半。在聊天室寻求新人的过程中，凯琳试着从竞争对手中招募一些重量级拳手。"我们有更多瓶装的产品，而且分量更高，"她说，"从任何方面来看，这都是一桩好买卖。但他们就是不相信我。"

外科打击

一次偶然的机会，凯琳获得了一条内部消息：那家竞争对手要破产了。这条情报详细、准确、完全可靠。她甚至知道将要对外宣布的准确日期。"那是星期六的晚上，"凯琳回忆道，"我知道那个公司第二天就会消失。"

凯琳果断地行动起来，到因特网上搜索那家竞争对手公司的经销商所创建的网站。这些网站中有 12 个列出了联系电话。到第二天早上，凯琳给这份名单上的 12 人都打去了电话。那些人都已经收到了坏消息，大都非常气愤，也很郁闷，但是凯琳用一种外科打击突破了他们的防御——高度精确地选择要讲述的故事。

在恰当的时机讲述恰当的故事

故事讲得好，关键就是知道，在某种特定的情况下，故事中有多少可以讲，哪些部分可以讲。凯琳明白，这 12 位潜在人选不想听什么"网络直销为你带来美好未来”的甜言蜜语。首先，他们都是功成名就的网络直销商，对这个行业也是一清二楚；其次，在那个特殊的时刻，他们大多数人对直销不会报有什么好感。

“我听说了你们公司的事情，”凯琳对一位女士说，“你现在感觉怎么样？”

“我感觉就像——”她的潜在人选非常直接地回答说，“就像被别人出卖了。”

“我知道你现在的感受，”凯琳说，“我知道被公司出卖的感觉。我也有过这种经历。”这就是凯琳在那一刻想说的，但这句话足够了，既传递了同情，也传递了希望——同情这位潜在人选的困境，希望她从灾难中重振旗鼓，就像凯琳当年那样。“我这里或许有你感兴趣的东西。”凯琳接下来说。她的故事起作用了。那位女士同意倾听凯琳的高谈阔论，并最终加入了她的下级团队。

顷刻友好

实际上，那天早上，凯琳对所有潜在人选讲的故事，本质上是一样的。这些故事很快就在他们之间建立起一种友善的关系。但更重要的是，这让人们认识到，凯琳在这个行业中的年头已经不短了，对真实情况了如指掌。“如今，人们在选择上级负责人的时候都没有那么天真了，”她说，“他们期望负责人有一些经历，而我们绝对是有经验的。”

在过去，众所周知，谁把你引入这个机遇，谁就有权力负责你。但是今天，人们挑选负责人就像挑选公司一样仔细。凯琳想起一位男士，他曾经在美国在线的友瑞留言板上发布一条启事，说他正在寻找一位负责人。“这让我们的在线社团感到非常不自在，”凯琳说，“因为我们在发展下级时是彼此竞争的。我们展开了一次大讨论，要求那些潜力人选不要这么做了。”

佩瑞多定律

网络直销下级团队是按佩瑞多定律运行的，根据统计图可以看出，网络直销的运营是这样的：20%的人做80%的工作。这20%的人，就是事业创建者、领导人、重量级拳手——这些人愿意付出一切努力来复制你的成就，并寻找愿意复制他们的人。要想事业成功，就必须招募一些领导人。出于这个原因，凯琳建议在“诱捕大鱼入网”时暂时摈弃“精挑细选”的原则。

要想事业成功，就必须招募一些领导人。

对绝大多数潜在人选，凯琳都没有浪费时间。如果他们看起来兴趣不大，她就礼貌而坚决地中断交流，继续寻求下一个目标。但是，对于有实力的领军人物，凯琳改变了策略。来自其他公司的重量级拳手是一件值得等待的战利品，因为你有机会将他的整个下级团队风卷残云般网罗到你手下，对这样的事情，凯琳向来是不遗余力的，她会非常坚定地追逐猎物，耐心等上几个月，甚至几年的时间，直到对方改变主意。她说："只要坚持，就有90%的成功机会。"

捕捉大鱼

凯琳从那家破产公司挑选的人中，有一位似乎对友瑞非常感兴趣。但是，他并不愿意加入凯琳的阵营。那个人同他的上游负责人关系非常好，要想让他加入一家新公司，只能让他的负责人先加入。随后的发生事更让人惊讶。当凯琳联系到他的负责人时，竟然也遇到了同样的问题，这个人也要求自己的上游先加入。凯琳在这个组织中一连追踪了5级，在每一级都遇到同样的事情。"整个团队希望完全保持过去的状态，在一起合作发展。"她惊叹道。

这种忠诚，是一种对顶级领导人的顶礼膜拜。凯琳意识到，那个销售团队的顶级负责人是一条非常值得抓的大鱼。事实证明，那位负责人的确是一个非常成功的企业家，就在几周前，他卖掉了自己的建筑产业，全职投入网络直销业。当那家公司解散时，他正在科罗拉多州的阿斯彭滑雪旅行。已经很多天联系不上他了。不过，当凯琳打通他的手机时，他的下级团队已经给他留言，恳请他加入友瑞。"我无可选择，"他告诉凯琳，"我的整个下级团队都央求我加入，这是我的社会保险帐号，和我签约吧。"

难处

通过对关键选手的关注，凯琳的团队越来越大。"我自己只带了5个人加入前线阵营，"她说，"但是他们带来了所有其他的人。于是就开始滚雪球般的发展。"3周后，凯琳在她的组织中创建了5个新分支，吸纳了上百人，收入超过了以前的3倍。"这就是人们所祈求的事情，这就是网络直销所承诺、但却很少实现的事情，因为大家坚持的时间都不够长，还没有找到真正能让他们变得富有的人。"

凯琳坚信，只要不断地寻求新人，就一定能够成功。或许，你只有在探寻了2000名潜在人选之后，才能发现一条将你抬至顶端的大鱼——但也许，50个人就足够了。"对于不同的人，这个数字是不一样的，你只有在获得成功之后，才能知道这个数字是多少。这就是困难所在。"但是那些已经做好准备的网络直销商，经过多年的耐心奋斗，当好运来临时，一定可以抓住机遇。

更好的故事

现在，凯琳已经有了一个更好的故事可以向大家讲述，这就是她如何让自己的事业发生重大转变。方法很简单——年复一年、一遍遍重复讲述自己的故事，直到最后遇到合适的人。凯琳的新成功传遍了她的下级团队，从旧的分支到新的分支，可谓无人不晓。她的这则新故事，也为她的组织带来了巨大动力。

至于凯琳自己，正一路顺风地接近寻宝图中的目标。去迪斯尼乐园游玩已经成了事实。她和道格拉斯也有资格获得友瑞提供的汽车作为奖励。他们目前正在选购一处新房屋。“我们之前一直都干得不错，”凯琳说，“全职从事网络直销四年半以后，我们就可以依靠友瑞的收入自给自足了。不过这笔钱并不多。”现在，一片新领域已经向她敞开，她知道，MLM 梦想也能在她身上实现。她的组织一直都在迅速成长，她自己都不知道这种复制会带她走多远。不过她觉得没有必要想这个问题。她只是在继续不断地讲述她的故事，日复一日，继续等待下一个好运的到来。

第八部

保持简单

WAVE4

第三十章
推心置腹

"伴随这个技术的发展，出现了一种风靡我们全行业的现象，我将它称为'第三波狂热'，" MLM咨询机构Profit Now公司总裁查克·哈克白（Chuck Huckaby）在1997年11/12月的《网络培训师》（The Network Trainer）刊物上点评道，"突然之间，机遇展示会就过时了，每个人都想要第三波招募新人的交钥匙系统。"他说，在这个过程中，大家可能会失去对网络直销主要长处的继承，即面对面、推心置腹的交流方法。

哈克白同其他人一样迷恋第三波革命，但是，他也看到了其弊端。"虽然我们的工作效率比过去提高了上百倍，但同时，我们同新经销商之间建立个人关系的可能性也小得多了。"他指出，过去的网络直销商招募一个新的经销商，可能需要花20个小时和200美元，而第三波的网络直销商可能只要花5个小时和50美元。过去的直销商工作更辛苦，花的钱也更多，但他也为自己招募的新人留出了更多的时间。

"过去要做许多辛苦的工作，"哈克白说，"必须储存产品、分发给经销商、从自己的奖金支票中拿出付给经销商的报酬，而且，在大多数情况下，招募新人的唯一方式就是在大酒店或者某人家中举办机遇展示会。但是……这是一种……需要同经销商进行大量个人接触的事务。"

粘合剂

第三波狂热威胁要将网络直销变成"无人际关系的事业"，哈克白警告说，这会在许多方面对网络直销商造成伤害。哈克白也在使用那些自动化的探寻新人的方式，例如，电子邮件、网页、自动传真等等，他说："大家现在发展的最终结果会是'拥有万人的下级团队'，但是团队成员订购一次产品后就音信全无。这可不是在创建剩余收入。"

保持简单，网络直销就能最佳运转……

哈克白说，保持简单，网络直销就能最佳运转，需要采取的方式就是每天同别人面对面、推心置腹地交谈。"能将网络长期团结在一起的唯一的粘合剂，就是友谊、忠诚和人际关系。"正是出于这个原因，哈克白预言，第四波将会目睹面对面营造网络技巧的回归，这种技巧同时与诸如互联网等技术辅助工具一起使用。

棍棒和石头

"爱因斯坦说过，第三次世界大战将会是核武器战争，第四次世界大战则会使用棍棒和石头，" 哈克白不久前对我说，"这也适用于MLM。第四波将把我们带回棍棒石头的原始时代，大家不得不跳入战壕，去寻找站在某处的真正客户。"

我也同意。交钥匙系统无法替代力气活。它们虽然自动化程度很高，为经销商节约了很多的时间，但如果你想建立一个强大的下级团队，节约下来的时间就必须被引入提高生产力的领域，例如，面对面的销售和培训。"抽出一些你节约下来的时间和金钱，再次投入到人际关系中。"哈克白这样力劝大家。

信息超载

这些看法中有许多已经在《第三波》中有过暗示。该书包含《第四波及未来》(Wave 4 and Beyond) 一章，其中预言，那些有血有肉的网络直销商会是新的交互式销售过程中不可缺少的。《第三波》写于1993-1994年，那时因特网还没有发展壮大，不过，美国企业已经对交互电视这种"信息高速路"议论纷纷了。

在那一章中，我列举了韦恩·麦吉尔维恩 (Wayne McIlvaine) 的例子。他是麦肯广告公司 (McCann-ErickSon) 前任市场营销经理，退休之后，给诸如通用食品 (General Foods)、金宝汤 (Campbell' s Soup)、菲利浦·莫里斯 (Philip Morris) 和纳贝斯克 (Nabisco) 这样的大公司做市场顾问，他也成了网络直销的一位坚定的倡导者。

"网络直销是未来的潮流，"他对我说，"大部分公司已经接受了这样的事实：他们不会再用4个电视网来做广告宣传，而是用100个。他们清楚地看到一个事实：他们 1 天能买 6 个小时电视转播时间来做销售培训，而不是 30-60 秒……网络直销蕴藏着巨大的发展机遇，因为在没有网络直销商的帮助下，人们要想获取这些信息是非常困难的。”

交互的矛盾

麦吉尔维恩这句话的含义是：通过交互媒体发布广告的产品和服务的惊人数量，只会令购物者感到迷惑而沮丧。消费者将会遭受信息超载的痛苦。他们面临的选择越多，好的选择就越少。对供货端而言，通过交互媒体销售产品的公司，日子也越来越难。想要抓住消费者的注意力就没那么容易了，他们的信息将会被淹没得无声无息，于是，出现了 21 世纪市场营销的矛盾状态。

一直以来，我们都需要有人指引我们穿越数字化的诱惑、令人不知所措的丛林，告诉我们如何获取信息，从哪里找到最好的买卖。麦吉尔维恩提到了 100 家电视台，可今天的因特网上已经有了上百万个网站。随着一年一年的过去，这个问题只会日益严重。

返朴归真

在第四波时代，网络直销商将会成为旅行向导，带领消费者穿越数字丛林，去寻找他们的目标。网络直销商努力用交钥匙系统节省下来的时间，应该被再次投入他们的事业。他们将花更多的时间与消费者和招募的新人建立持久的人际关系。

在下一章节中，我们将会看到，那些技术最先进的直销公司，已经培养起一批新生代网络直销商。在许多方面，他们又回到了 MLM 的基础状态——面对面、推心置腹地同顾客及自己招募的人进行交流——为大家提供一种人性化的接触，而这正是数字化社会所需要、所渴望的。“人们最终寻求的人际关系是这样的，”哈克白说，“能够信任他人的道德标准，能够在培养商业技巧方面得到个人指导，并且，仅仅因为喜欢、尊重他人，而愿意加入他们的团队。”

第三十一章

人性化的接触

随着 1999 年 9 月安利电子商务网站 Quixtar.com 的推出，安利公司一夜之间成了互联网上的巨人。长期以来，安利公司都投入了大量的经济资源来确保它的经销商能拥有最新的第四波体系。不过，所有这些花里胡哨的东西，都没有改变这个行业的基础。推心置腹的互动交流依然是安利成功的直销方式的支柱。即使是在高科技的笼罩下，也依然要靠人性化的接触，建立和维系整个下级团队。

乔和桃瑞丝 · 肖概括道，这种面对面的交流方式，将在第四波时期让支撑起网络直销的运转。乔和桃瑞丝时时处处都在交朋友，这些朋友帮他们在安利取得了成功。在 60 岁退休时，乔和桃瑞丝从毕生经历中总结出了建立和维系人际关系网的经验。他们在招募和培训那些潜在人选的过程中，充满温情的关怀，就像抚养自己的 6 个孩子一样。高科技系统可能是他们行业的基础，但是乔和桃瑞丝把温和的笑容和关怀的态度奉为信条。像其他成千上万的网络直销商们一样，他们将人性化的接触带入了数字化的市场。

保持本色

乔 · 肖是一位退休教师，加入商业圈时没有任何销售经验。后来他发现，只要保持自己的本色，就能成功地销售。他的一个儿子是一个流动护理站的全职护理，他把清洁用品卖给儿子所在的护理公司，成了这家公司的定期供货商。这使他发现，自己可以用同样的方式在那个地方拉来其他的生意。“我已经跑遍了这个小镇的每个角落，我要做的只是沿着高速公路填补中间的空缺而已。”

他开始拜访自己经过的商行。在向店主或经理作完自我介绍之后，他都会

> 即使是在高科技的笼罩下，也依然要靠人性化的接触，建立和维系整个下级团队。

说："我有供货渠道，我选择了安利的产品，因为安利是一家好公司，产品质量可靠，也有资金回收的保证。"这时得到的回应也是各种各样的。有些人以为乔正在努力把他们拉到安利公司的旗下。出现这种情况时，乔会再次向他们保证："我并不是来这儿招募你们的，我只是来向你们销售产品。我每个月会来两次，如果我来的时候你们恰好需要这些产品，我就可以做成一笔生意。"

较低的压力

较低的压力是乔销售方法的关键所在。他不会给潜在人选施加任何压力。离去之前，他会礼貌地询问那些潜在客户，是否介意他下次巡回时造访。大多数人都同意了。于是他要了潜在人选的姓名、地址和电话号码，然后留下一份安利的产品目录，和一盒免费的E2171抗菌香皂。

"这块香皂可以去除异味，"他说，"可以去洋葱味、大蒜味、汽油味和柴油味，一次清洗即可。"清洁和保养是所有小商家通常都要做的。在绝大多数情况下，乔的潜在人选在他回访之前的两周内都会忍不住用一用那盒香皂。这样一来，当他再次来临时，他们就有共同话题了。

予人友善

乔对一次不成功的销售不会感到有什么压力，同时也不会给潜在客户任何压力。他知道，如果他能定期回访，他终究会在潜在客户需要东西时出现。"绝大多数销售人员想在第一次拜访时就做成生意，但绝大多数买家直到第五次见面才购买，我只是在坚持建立一种良好的关系。"

乔试图让自己成为潜在客户日常生活的一部分。他两个星期出现一次，让潜在客户感到，他这个人是非常守时的，值得信赖的。"这样一来，我和他们的关系会渐渐好起来，当他们信赖我时，就开始从我这里买东西。我会每隔一周友善地出现在他们面前，为他们的订单提供货物。"

私人账户管理员

从技术上讲，那些客户并不需要乔来发放订单。一旦他们有安利公司的产品目录，他们就能通过电话定购他们想要的任何产品，并在两天内得到。他们用乔的个人身份号码来订购货物，所以乔即使以后再也不见那个顾客，每次同样能收到货款。但是，乔用自己的拜访提醒客户，到了再次订货的时间了，他回答各种问询，进行产品推荐，无论如何，确保客户不会把产品目录扔在一边忘掉。

等到客户的订单超过162美金——安利公司入会供货的起步价格，乔就告诉客户，他支付的零售货款已经可以让他成为安利的分销商，可以享受产品批发的优惠，然后转卖给其他人获利了。如往常一样，乔不给他们施加压力。“有些人做了，有些人不会做，”他说，“大约23%的人会加入进来。”

尽情享受

乔的服务，始终是易于实现的，不需要占用他人的时间，也无须考验别人的耐心，工作中最难的部分都由公司完成——安利公司整理那些订单，把货物从库房运出来，用计算机系统分配佣金……乔要做的，只是保持自己的本色。

“做教师的时候，我不能离开教室，”乔说，“我被局限在那个教室里32年之久，每天看到同样的人。在创建这项事业之后，我可以开着车到处转，和不同的人聊天，生活变得多么美好啊！”就在他放松身心享受新鲜空气时，他也为自己建立了一份重要的事业。现在，他已经拥有多于175个固定客户。

遍及各地

“并不是所有的分销商都得是零售商，”桃瑞丝说，“也不是所有的零售商都得成为分销商。”她已经选择了一种更有闯劲的途径来经营这项事业。在加入安利之前，她创建了七个成功的企业，包括一个保险公司、一家证券经纪机构、一家会计事务所和一家管理着价值400万美元资产的房地产代理机构。当乔和桃瑞丝的一个女儿把他们吸收到安利公司旗下时，桃瑞丝立即看到了安利创造剩余收益的潜力，于是，她带头干起来。

她的方法十分简单：让生意遍及各地，介绍给所有愿意听的人。“我没有做任何广告，”她说，“我的宣传全是口头的。”在密歇根州的艾德莫有一个小农场，肖氏一家生活在那里，那个地方几乎不可能成为商贸活动的暖床，但是桃瑞丝发现，在朋友、家族和当地的商人之中，不乏潜在人选。她没有将招募活动局限在当地人范围内。她讲了这样一件事：在一次长途飞行中，她通过交谈签下了一位潜在人选，那人返回家乡后，就开始组建下级团队。“你必须走出令你安逸舒适的生活圈，”桃瑞丝说，“包括地理的和心理的。”

援助之手

桃瑞丝没有遭受第四波狂潮的危险。尽管安利拥有太多的达到最高技术水平的支持系统，但她知道，她的下级成员更需要针对个人的指导。她早就发现，办一个定期培训班对新成员进行集中的培训会更有效率。现在，她每个月都举办一期培训班，为期8天，在周末进行，这种培训班已经办了4个月，培训人数在50~80人之间，内容涵盖目标设定、发掘新人、胜任安利公司不同层次薪酬体制的发展规划的战略等几方面，简单地说："我们教人们如何成为企业家。"

每个星期三晚上，她还举办远程电视电话会议，对销售培训和激励策略进行探讨。"我们大约有180个地区能够接收到这种电信会议，每一地区的销售成员聚在一起，收听一个大喇叭，也可以在家里同上级或下级开会，谈论发展新的潜在客户的计划。"

高新技术，深层接触

当这本书将要出版时，安利公司正在筹划Quixtar.com的发布。肖氏一家想在电脑世界里开发新的市场，他们仍然不打算坐享其成地让因特网来完成所有的工作。"它不是包治百病的灵药，"桃瑞丝说，"仅仅告诉顾客：'我们正在因特网上，这是我们的号码，用它吧！'这是远远不够的。通过这种方式不可能得到我们想要的结果。"

正是由于乔友善的面孔，才使他的客户在销售线上一直处于活跃地位，所以肖氏一家打算在他们的高科技交互平台"Quixtar.com"上补充一些他们自己的虽过时但很好的"深层接触"式的互动式交流。"因特网可能让人觉得非常迷惑，"桃瑞丝说，"我们正在尽一切努力把它变得更简单，更容易被人使用。我打算同人们交谈，了解他们的需求，教他们如何在Quixtar.com上找到自己想要的东西，我打算领着他们熟悉每一项功能，以便使他们使用起来感到方便舒适。"

惊人的典范

肖氏一家在1995年加入安利，成功非常迅速。仅仅两年后，他们就成为钻石级经理人——安利最高级别的代理。在商场上的第3年，他们的家庭收入较之加入安利之前翻了三倍。"它给我们的生活带来了巨大的变化，"桃瑞丝说，"在我们以前所做的退休计划中，不能负担过多的旅游，但是现在，我们可以去任何地方，我们已经去过夏威夷、波多黎各、圣托马斯、阿鲁巴岛。”

桃瑞丝正在寻求与人分享她的成功，“我想让人们认识到，这并不是什么很大、很难的事，如果其他人也能像我们一样付出这么多努力，他们也能成功。”这两位来自密歇根州艾德莫的老市民，几乎就像21世纪企业的典范。正是像他们这样进行人性化的接触交流的人，才使交互式经济得以运转。

第九部

精挑细选

WAVE4

第三十二章

不合格的潜在人选

卡拉·曼尼非常兴奋，她觉得自己终于钓到了一条大鱼———一个超级推销员。此人过去从事证券经纪，一年能挣15万美金，失去证券所的工作后，他去了一家燃气公司，销售丙烷，他讨厌这份工作，因为丙烷不好买，还让他远离家庭到处奔波。这小伙子充满活力，勇于开拓，当卡拉告诉他关于康嘉利公司(Shaklee)的机遇时，他立即同意见面讨论。

不幸的是，第一次见面并不愉快。卡拉像往常一样打开话题，让这位潜在人选说说自己的目标，于是小伙子说："我想在两年内，每年挣10万美元。"卡拉向他解释，在康嘉利的薪酬体制内，要达到这个目标，至少要招募10个商业营销人员，并且每个人达到协调员的级别——这就意味着，每个人都有一个三级或四级的销售团队，有平均6万美元的销售收入。小伙子听着听着，产生了顾虑，"这就意味着，我真的要出门工作了，"他不高兴地说，"我本来以为直销就是只要我找到几个好下级，就可以坐在家里收钱呢。"

警钟

卡拉一听这话，脑海中就敲响了警钟。这小伙子尽管看起来不错，但不会是一个好的潜在人选，他把网络直销看成一种伎俩，而非事业，他不愿意为此工作。当卡拉让他草拟一张清单列出所有私人的和职业上的熟人时，他自夸："我随便就能列出100人。"然而当卡拉问他愿意先跟谁接触时，他又变得吞吞吐吐，说这里面没有一个人适合直销。事实上，这小伙子羞于向别人承认他在做网络直销。

“我认为这个机会不太适合你，”卡拉最后告诉他，“你愿意加入网络直销业，但我担心这个职业并不是你想要的，因为你不想承担义务。”卡拉浪费了一个多小时，但是假如与他签约，将来的麻烦和痛苦会大得多。经验告诉卡拉，像这样的人会整天抱怨，而不是努力工作，最好的办法是立即刷掉他们，转向更有前途的潜在人选。

精挑细选

富有经验的成功的网络直销商，精于“筛选和分类”——将优秀的潜在人选甄别出来，在差者身上浪费尽可能少的时间。卡拉挑选潜在客户的判断力，经过了多年的磨砺。从童年时代，她就向往着MLM的世界，她的父母都是康嘉利的重量级人物，她自己在高绩效的公司里干过，后来接管了父母的业务。

富有经验的成功的网络直销商，精于“筛选和分类”——将优秀的潜在人选甄别出来，在差者身上浪费尽可能少的时间。

“我是在直销市场的环境中长大的，”她说，“但是直到进入康嘉利，我才真正理解网络直销对人们生活的冲击，我很感激康嘉利。”如今，她寻找着与她有同样感受的人。她最好的潜在人选，就是那些拼命避开你死我活的竞争、通过为MLM最古老又最靠得住的一家公司工作获得一种稳定性，同时对这种稳定性充满感激的人们。

网络直销的生活方式

总部位于旧金山的康嘉利公司，是少数几家拥有超过40年历史的网络直销公司之一。它于1956年由一位早期的自然保健的倡导者弗朗斯特·C·沙克力（Dr. Forrest C. Shaklee）博士创办。在20世纪七十年代期间，康嘉利的销售额从2000万美元逐步上升到3.2亿美元。它于1973年上市，1977年在纽约证券交易所挂牌，并于1989年被日本的巨头公司山之内制药公司（Yamanouchi）收购。今天，康嘉利提供超过200种纯天然成分的营养品、个人保健品和家用商品。1998年，其销售额已经超过7.5亿美元。

卡拉的父母于六十年代初加入了这家公司，同它一起成长。他们拥有千万财产，成为了MLM业内的传奇人物。当卡拉成年后，他们的声望已经为卡拉打开了各种大门。卡拉大学毕业后，到盐湖城的一家直销公司做广告员。“令我非常惊讶的是，那儿的人们也听说过我父母。”她说，“我发现自己非常适合做销售，人们愿意听我说，仅仅因为我父母的原因。我已经成了一个参与者，每个人都认识我。”

自主创业

卡拉所在的第一家公司破产后，她不再给其他直销公司当雇员，她的目光已经超越了MLM，她梦想在商业公司领域内将事业做大。“我不想再依赖我的父母和直销行业，我认为在美国的商业公司工作，是一件非常荣耀的事，我想有达到6位数的收入，有一份可靠的职业。在很多人眼中，网络直销就是卖肥皂和药片，它还没有那些主流大公司的魅力。”

卡拉实现了她的梦想。她花了6年时间为诸如美国万国宝通银行、美林集团(Merrill Lynch)等大公司做财务预算、投资顾问、股票经纪等工作。她发现在某些方面，金融服务业与网络直销是相似的。“它们有很多相似点,”她说，“你的客户基础建立得越牢固，你就拥有越多资本，酬劳也就越多。你通过推荐提名发展事业。每一个客户把你介绍给下一个客户。”但是它们之间也有差别。当卡拉告诉人们自己在一家一流的企业工作时，人们羡慕的眼神让她很高兴。“我最终得到了我一直在寻找的那种舒服的感觉。”她说。

公司懒汉

然而卡拉的美国梦很快就变成了噩梦。“我得到了6位数字的收入，却从来没有时间去享受它。”她说，“那个公司控制着我，我每周要向250个潜在客户打电话。”公司不仅要扣除她销售额的很大部分，扣除比例还随她的收入而增长。“我工作越努力，被扣得越多。”一旦离开了那家公司，她又不得不放弃大量的客户。“我开始意识到，如此辛苦地工作是极其愚蠢的，没有什么来体现你的价值，没有任何真正属于自己的东西。”

有一天，她接到一位朋友的电话后，突然意识到了自己处境极其糟糕的事实。那个朋友告诉她，有一个她俩都熟悉、并已在那家公司工作了30年的经纪人，被公司辞退了，公司试图转走他的部分客户，转交给一些新来的年轻经纪人，那个人反对这样做，他就被公司解雇了，他和他的儿子为公司建立了价值4亿美元的客户基础。“但是当他们走出公司大门的时候，没能带走任何东西。真是难以置信，我还以为是胡说八道，可这是真的。”卡拉担心，这种事总有一天会发生在自己身上。她决定不再坐以待毙。

第三十三章

预先筛选

1997 年是卡拉生命中最艰辛的一年。她的父亲心脏病突发，迫使她将大部分时间从康嘉利生意中退出来。不久后，丈夫又和她离婚了。4 个孩子加上全职的工作，对一个单身母亲来说，显得太残酷了。“我当时太难受了，”卡拉说，“我都不想再为 7 ~ 9 万美元的年收入工作了，并且再也不想看不到我的孩子们。”

但是解决之法已经掌握在卡拉的手里。她的父亲再没有精力继续经营康嘉利年销售额达 3000 万美元的销售队伍。心脏病发作后不久，他就叫卡拉来帮他经营，付卡拉一小笔酬金。他向卡拉建议，可以充分利用这次机会，开始组建自己的下级团队，创建自己的剩余收入。没花多长时间，卡拉被他说服了。她的婚姻已经失败了，对自己工作也感到非常失望。被宠爱惯了的年轻卡拉看不起网络直销的日子已经过去了，现实生活给她带来了全新的视角。与丈夫分开后，整整有 3 个月的时间，她躺在床上，情绪低落，不能工作。但是现在，不幸的时光已经结束，卡拉认识到，在康嘉利的事业是她自己拥有的，已到了充分把握做到最好的时候了。

蓝筹公司

康嘉利独特的声誉，被证明是卡拉销售中一个重要的卖点。许多网络直销商避开那些老牌公司，认为他们的市场已经饱和并且增长缓慢。成熟公司的销售额增长往往不如一些新成立的公司——至少在新公司获得成功时。但是绝大多数新公司都会在最初的一两年内失败。卡拉在盐湖城 MLM 底层公司工作的那段日子里，有更多的机会看到事情的另一面。她的几个老板已经破产了，卡拉亲眼目睹了他们遗留下的心酸和痛苦。

“人们仅仅是拿他们的储蓄来投资，”她回忆道，“并没有真正审视公司。”她对在那里见到的一些公司管理之混乱感到非常震惊。“我们都在讨论存货问题、资金的流通和财务管控的问题，与之形成鲜明对比的是，康嘉利公司做得非常专业，我父母在康嘉利公司工作的那些年，我从来没听他们说什么奖金支票迟了、错了。”由于这些原因，卡拉发现，那些听说过康嘉利，或者有亲戚在康嘉利工作的人，最容易招募到她手下，康嘉利的声誉，大大有助于她挖掘潜在人选。

产品人力资源

就像在产品方面一样，“至少是95%，”卡拉说，“那些从底层走上来的、想建立自己营销网络的人，通常在产品方面也有过良好业绩。”卡拉很早就知道，热情的产品用户往往有潜力成为网络直销者，“对我而言，最好的潜在人选是那些曾经有3-6个月使用我们的产品，对产品很满意，并愿意和其他人分享这些的人。”

她谈到下级团队中一位名叫艾伦的女士。艾伦的小女婴健康状况很不好，“她走访了一个又一个医生，去过梅林诊所、匹兹堡的儿童医院，谁都诊断不出孩子到底患了什么病。”那个女婴六个月大了还不会爬，身上还出现了皮疹，舌头上出现了类似酵母菌感染的症状。“孩子一岁的时候，已接受过26个周期的治疗。她耳朵里被管子插进去两次，每天要吃40片药，但仍不见好转。”

推荐的作用

艾伦的一位朋友碰巧是卡拉下级团队里康嘉利产品的分销商，他给了艾伦一盘林达·罗德格茨的录音带。林达·罗德格茨是维吉亚海滩的一名儿童医生（也是一名康嘉利公司产品分销商），他用基于康嘉利产品的营养食物天然摄生法治好了许多疾病。艾伦便联系到罗德格茨医生，说明了女儿的症状。罗德格茨实施了针对假丝酵母或酵母菌感染的特殊的饮食调整方案，女婴迅速康复了。“在3天内，就能看到孩子状况的好转。”卡拉说。

这件事顺理成章地就成了一个推荐销售的教科书式的案例。艾伦的丈夫是一个收入不错的财政预算师，很支持她的工作。在一般情况下，艾伦不会考虑涉足MLM，但是她忍不住要向人们谈起她与康嘉利之间的经历，也有很多人愿意听，于是有人开始通过她购买康嘉利的产品，她自然而然地成了康嘉利的分销商。这一切是在18个月里发生的。“她正努力达到50000美元的月销售额。”卡拉说。

随意走入之客

与大多数直销商不一样的是，卡拉选取在街头店面开展工作。她在南达科他州的苏族福尔斯经营着一个600平方英尺的服务中心，在那里，她协调康嘉利产品的经营管理，并进行产品零售。“我爸爸总是有一个办公室，”卡拉说，“他从不在家里办公。我也喜欢那样。每天结束时，我就能锁上门回家，一天的工作就结束了。”

卡拉估计，她的零售店每个月要卖出价值10000美元的产品。那些随意来光顾的人们，为卡拉提供了异常丰富的潜在人选资源。事实上，大家都这些产品感兴趣，这就意味着，他们已经符合卡拉关于一个好的新成员的第一条标准。然而，有一些人比另外一些人更容易招进来。卡拉已经有了区分工作勤恳者和游手好闲者的敏锐判断力。

康嘉利化

“当我与那些进来的人坐下来谈时，我从不谈营销生意，”卡拉说，“我只谈产品。”在卡拉预筛分选的过程中，第一步工作是将康嘉利的天然保健观念带给人们，将产品卖给人们。那些对产品非常满意的老客户，往往被鼓励将他们的家“康嘉利化”——用康嘉利的产品替代他们已有的个人的和家用的其他品牌或其他产品。

卡拉很少马上向人们提到自己的营销生意。但是当形成客户——供应商的关系后，她就会留心一些有可能扩充下级团队的细节。“如果一个顾客要求打折，那就是解说我们计划的良好时机。我会告诉他，他要是带来5个人并让他们购买多大数量的产品，那就不仅仅是打折，而且有利可图了。”

人员缩减

相当一部分顾客，很快就丧失了这种资格。“有些人有过非常糟糕的网络直销经历，不想做与之相关的任何事。”卡拉从不强人所难，但也不会把他们除名。随着时间的推移，当人们的经济状况发生变化时，可能会改变主意。而且即使最封闭的人，也可能有一个外向的朋友。“通过推荐的方式，你永远不知道什么样的人会来到你面前。”卡拉努力确保每个人都有与康嘉利产品相关的良好经历，这样他们才会坚持再来。

与上述情况相对应的是，有些人只想谈营销生意，对产品没有兴趣。“我对这些人不抱太大期望，”卡拉说，“我不会将任何人除名，但也不会花太多时间去鼓励他们发展一条营销渠道。”

早期预警系统

一旦卡拉将潜在人选范围缩小到对这个行业感到好奇又对产品极有热情的人群，她就会接近他们。她会与潜在成员坐下来谈，向他们解说康嘉利的薪酬体制。“那些看起来犹豫不决的人，接下来被安排接受三步走的目标制定过程，这作为一个早期预警系统，用来把业余的和有雄心的人区分开来。”

“我决不会把时间浪费在那些浪费我时间的人身上。”卡拉说，“你不能这样做，因为这会耗尽你的精力。一旦我向人们解说那个计划，我就要求他们在我愿意把我的时间花在他们身上之前做三件事：一份为期24个月的承诺、一份书面任务书和远景陈述，还有一份商业计划。”

清晰的衡量基准

> 任务的陈述展示了潜在人选的最终人生目标。

任务的陈述，展示了潜在人选的最终人生目标。它可以告诉卡拉他的精神状况，比如什么会促使他在早上起床。远景陈述也勾划出他对康嘉利事业的特定目标。他想得到多少钱？想有多少空闲的时间和家人共度？他想买什么样的房子、车子，想到哪儿度假？最后，那个商业计划展示了在康嘉利薪酬体制约束下实现这些目标的各个步骤，它准确地列举了为实现这些目标，需要招募多少个分销商、逐月完成多少销售量。

这些书面文件对潜在人选的干劲和诚信度提供了一个快捷的测试。卡拉发现，许多人甚至不能阐述出清晰的目标。在书面上，他们的确不知道自己想要什么。这些人通常不值得投资。“那些没有目标的人，会变得跟那些不回你的电话、不想与人们交谈的人没什么两样，”卡拉说，“他们的积极性会立即消退。”当另外一些潜在人选意识到他们需要完成多少工作时，也会中途退出，这些在起草商业计划时所显示的事情，也常常会打击他们的积极性。“一旦把这些内容写在纸上，人们要么为之鼓舞，要么被吓倒，并说‘我做不到’，后者便是我们绝不想花费精力的那些人。”

稳固的下级团队

通过系统性的筛选和分类，卡拉建立起了一支由辛苦工作的领军人物和固定的产品用户群构成的下级团队。在两年时间里，她将收入提高到每月 35000 美元——比她父母增长了 10000 美元。在她另外为自己建立的营销团队中，她已经达到了主管的级别，能够从 40 人的团队中每月获取 1000 美元的收益。

在卡拉刚开始营销康嘉利的产品时，她有时觉得自己失去了在大公司中工作的魅力和荣耀。但是再也不会那样了。如今，倒是那些她碰到的大公司雇员羡慕她。“美国大公司已经失去了吸引力，”她说，“人们需要越来越多地到处奔波，挣的钱却越来越少，呆在家中的时间也大大减少。”相反，卡拉能按照自己的意愿自由支配自己的生活。在事业发展的同时，也能积极参加社区活动，更多地融入孩子们的生活。她最近带两个年长的儿子进行了一次豪华的欧洲之旅。“网络直销给我的生命留下了不可磨灭的印记，”她说，“它提供给我的机遇实在令人惊讶。”

第十部

支持下级团队

WAVE4

第三十四章
压缩时间

“我再也不会给别人打工了，永远也不！”星期天晚上，埃文·罗德告诫自己。可第二天早上，他还得去上班。他为马里兰银行管理一个价值6亿美金的地区业务，30岁时年收入已达10万美元。自从银行在三个月前同另外一家银行合并后，他的好日子就到头了。新的管理者进行了大刀阔斧的裁员，他失去了三位助手，工作量随之增加了三倍。他被迫做日常进度汇报，每周的工作时间也从50小时上升到80小时，他很少看到妻子和两个女儿。“一天，他们在我办公室里堆了四英尺高的贷款报告，让我审阅，”埃文说，“他们书写潦草，评注也极其差劲，我非常清楚那些公文里有几十万美金的坏账。”他受够了，他决心辞职。

时间自由

> 时间是一个商人最宝贵的财富，而唯一能够自由支配时间的方式，就是给自己当老板。

银行的新管理模式，让埃文有种被出卖的感觉，新的老板对待他更像对待一台机器。他们不再考虑他的时间，只管将繁忙的工作压在他身上。他告诉自己：时间是一个商人最宝贵的财富，而唯一能够自由支配时间的方式，就是给自己当老板。

埃文开始了一次自我满足的探求，但是那条路实际上比他想象的更艰难。他购买了一份为期两年的TCBY特权，它给埃文带来的是20万美金的债务。随后，他加入了一家公司的网络直销业务，但那家公司沉重的销售配额让他无论销售多少都达不到要求。5年后，他认识到：“我曾经得到的最大的支票，是大约四五千美元，但是我必须花三到四千美元才能得到它。”

持之以恒

这些挫折没有一个能阻止埃文实现他的目标。“我们失去了一切，”他说，“但是我始终坚持给自己打工，无论在什么情况下。”这诺言最终让他从事了一份大多数成年男人都会避开的工作——报纸推销员。“我们接管了一大单报纸分销的任务，我妻子做管理工作，我就在晚上用敞篷车分送。就这样，我从一个年收入达6 位数的白领，变成了一个报童。”

无须说埃文有更多的选择。但是当一个朋友向他介绍位于阿肯色州北特斯维尔的名为“生命延伸”（life plus）的网络直销公司时，他不想听。他的朋友说：“我保证没有太多层级。”他才同意试试。从1994 年开始，他忍受着红斑狼疮的折磨———一种可导致消沉、容易疲劳、对光敏感、引发关节炎的免疫性紊乱疾病。“我的双手变得非常糟糕，甚至在早上不能扣上衬衣的扣子或者系鞋带。”整整两年，埃文采用营养补品来辅助治疗该病。埃文的朋友宣称，生命延伸的产品对治疗他自己的敏感症状有巨大的帮助作用。“我想如果能够对他的免疫系统有所影响，也一定能够帮得上我。”埃文说。

超越第三波

生命延伸公司是药剂师J·罗伯特·雷蒙的智慧结晶。雷蒙是20 世纪七十年代中的自然保健的倡导者，他想通过MLM 来销售他的营养产品。1982 年，他创办了一家名为多路联盟（Multiway Associates）的公司，但是销售业绩增长缓慢。在那个复杂的薪酬体制下，令人困惑的固定月配额，使许多热心的产品用户望而却步。因此在1992 年，雷蒙与其他几位合作伙伴停下来，创造出一种新的网络直销方式。他们创建的公司——生命延伸——注定要成为第四波革命的一个模型。

这个创意，就是消除MLM 令大众难以接受的心理障碍。首先，成为会员应该是免费的。任何顾客，只要签约，都可以享受到批发价优惠。不再要求固定的月配额量，也不再强迫销售给朋友和家庭。在1992 年，生命延伸的计算机化厂家直销程序还是超前先进的，允许分销商们可以完全用电话来运作。只须简单地向人们推荐产品，将公司的800 咨询电话和自己的个人帐号给他们。如果他们后来将产品再介绍给其他人，你会自动从他们的客户和下级成员中获得酬金。在短短两年里，生命延伸的会员数暴涨到25 万，年销售额达6000 万美金。“它已经超越了第三波，”雷蒙在1996年6月对《成功》杂志说，“这是时代潮流。”

大规模的行动

最初，埃文·罗德拒绝同生命延伸的营销事业发生任何联系。但是使用它的产品一个月后，他注意到，自己的狼疮症状有非常明显的好转。他对产品产生了浓厚的兴趣，并重新审视生命延伸的业务。“它对我以前的观念造成了冲击，我以前对这个行业形成的典型印象是大肆宣扬、骗局、虚幻的前景等，许多人们购买了价值5000美金的产品，在朋友和家庭中兜售，幸运的话还可以拉一批人干同样的事情。”他意识到，生命延伸的销售体系与他以前听说过的完全不同，“没有签约费用，没有存货清单，仅仅是一种简单的推荐机制，采用邮购方式。我看了后就说：‘我能做这些。’”

埃文同他的一位老同事托德·波尼亚里合作，加入生命延伸公司。埃文急于重新获得成功，全身心投入一个“大规模的行动”——只有一次的、全天候的招募闪电战，旨在尽可能快地建立起营销网络。“在那半年的时间里，我每天工作18个小时，每周工作7天，”他回忆说，“报纸还在卖，我凌晨1:30放下电话，跳进我的货车，去取满满一车报纸，我已经习惯了每周只睡15～20个小时。”

瓶颈

埃文的生意发展迅速。在开始的两年半时间里，这对合伙人签约了2万多名成员，获得了40000美元的月收入，实行五五分成。埃文非常兴奋，但也为成功付出了代价。他一直想要的时间上的自由，仍然没有得到。一夜又一夜过去了，他发现自己只是在电话里一遍又一遍地重复着同样的故事、同样的销售广告，不仅是对自己的潜在人选，而且在三方电话会议里，还对下级团队的潜在人选重复着同样的事。

他处于发展中的瓶颈期。下级团队发展得越大，就越要求他个人的关注。不仅是埃文的时间被占用殆尽，他的分销商们也被迫在电话前等着他的帮助。在很多方面，这让埃文觉得又回到了银行，审视着那堆四英尺厚的贷款报告。“我们意识到必须找到一种方法来压缩时间，既为我们自己，也为我们团队。”他回忆道，“我们必须将系统放在恰当的地方，使之既能给我们作为领军人物的协调能力，又可以帮助我们的团队运转得更有效率。”在他们努力解决这个问题的过程中，托德和埃文将会寻找新的支持下级团队的方法，坚定地推动第四波革新浪潮进入新的世纪。

第三十五章

自动支持

一天晚上，当埃文与一位下级分销商通电话时，他找到了最后一根救命的稻草。这位分销商是一位非常能干的女士，每天晚上19:00，她结束秘书工作回家，就开始打电话构建下级团队，直到23:00。只有在完成了当晚的最后一个电话后，她才会给埃文打电话。“哎，我想我还要继续做事，我还有15盒录音带要寄出去，我还要再过1个半小时，才能上床睡觉。”

她说这些话的时候已经是晚上23:00了。那天晚上，埃文难以入睡。想想看，那位女士还在利用凌晨仅有的几个小时拼命地干，这对她的时间是多么愚蠢的浪费呀。他思考着，这些正是加入到MLM的人们在逃避的苦差事。随着生命延伸的流水线和自动化已经完成，令他更加心烦的是，像这种石器时代原始的方法只会将团队的生产率消耗殆尽。在考虑这个问题的同时，他也反思了他和托德已经确认的其他瓶颈。就在那时，他决心采取措施了。

繁杂工作集中化

埃文认为关键是将繁杂的工作尽可能集中起来。他和托德用了随后6个月的时间来开发一套系统，将员工从重复性的、耗时的任务中解脱出来。在那个过程中，他们也为自己节余了大量的时间。

他们最具雄心的革新是一个执行中心，让人们不必自己填写信息包。如果一个分销商发现了一个可能的潜在人选，他现在就能填写一张简明的表单，然后传真到中心，在24小时内，中心将会把包括录音带在内的完整的信息包裹直接分发到那个潜在人选那里。除了节约时间和精力外，执行中心还可以帮助分销商们远离销售的具体过程——这对于那些羞于在熟人中进行销售的人，非常有吸引力。“现在你可以打电话给你认识的人，说：‘我刚听了关于保健和营养品的最难以置信的磁带，打算让这家公司也送你一份拷贝。’它会让你成为交易的第三方，这对于些新成员来说可能更自在些。”

GAP 热线

这两个合伙人带到营销网上的另一项革新，便是有 18 条预录信息的功能菜单。这个功能菜单可以通过 800 服务热线接入，内容涵盖诸如产品、公司、埃文个人的成功经历等主题。这解决了人们在线等待埃文或托德对他们的潜在人选进行针对性的交谈这个极大的瓶颈问题。

这个主意是埃文在一天晚上与他的一位潜在人选交谈后想出来的。当时，他正通过电话解说 Fast Track ——商业经营建设的快速之道计划，即采用一种起价 300 美元的商业套餐的形式将完整的产品和培训资料一起打包。当埃文解释完这些后，那个潜在人选大声说：“我希望把这些内容记下来，你将它解释得如此简明扼要。”埃文马上意识到，他经过日复一日、每天 5 到 6 次的重复解说，语言已经变得非常精练了。

“我自己为什么没有记录下来呢？”他思忖道。现在，任何一位潜在人选都可以按下电话键，在一瞬间听到他的解说。埃文称这个系统为 GAP ——“抓起一支笔”(Grab a pen)。“如果我跟你讨论生意上的问题，”埃文解释说，“我就会说：‘嗨，在我们准备花很多时间在上面之前，让我看看这是不是你真正感兴趣的事情。’抓起一支笔，我给你这两个号码。”只有那些认真的潜在人选在听完录音后才会不厌其烦地回电询问。“它实在是一个伟大的筛选工具，”埃文说，“它对大量的潜在人选进行筛选，让我们仅仅把时间用在那些对商机高度感兴趣的人身上。”

电话恐惧症

GAP 热线在其他方面也同样帮得上忙。埃文记得他的下级团队中有一位干得非常好的 76 岁的妇女，她本人对那些产品非常满意，她的个人证词又促成她与许多成员签约。更有甚者，这位妇女令人难以置信地喜欢外出。“她乐意从清早 6:30 出去，站在繁忙的十字路口，走向那些轿车，散发广告传单。但有一个问题：无论什么时候那位女士通过电话面对潜在人选时，她都会变得沉默。”

“人们害怕这种电话是非常常见的事，特别是，当他们还是个新手的时候。因为他们不知道该说什么。克服恐惧的方法，就是多去实践。但是，人们的恐惧又常常阻止他们实践。”当GAP热线引入后，这位妇女的业绩直线上升。“出乎意料地，她一天可以同15～20个人交谈，”埃文说，“她再也不用担心该说什么了，她要做的一切就是建立和谐亲善的关系，并向他们引荐GAP热线。”她的销售额很快就翻倍了。

节约时间

埃文团队里的成员也可以通过因特网或传真来获取信息。一个Web站点提供了一个20分钟就能浏览完的生命延伸的机遇宣传网页，包括一些主要领导的简介、公司和产品的信息，团队内部的人事隶属目录、联系方式、不同领导层次的培训信息及商业营销网络组建系统，供埃文的下级团队使用。

所有这些系统都是为了达到一个共同的目标——节约时间。埃文解释说，在过去你要做的第一件事是定购某些产品，这可能需要4～5天才能到货。在用了产品和听了推荐电话后，你可能会决定买100盘录音带来促进业务量的增长。在你收到那些录音带时，将它们包裹好，再邮寄出去，这样一来，也许一个月过去了，你的业务量依然没有多大变化。然而，埃文的新系统让你从第一天就开始，你可以将录音带需求发送到执行中心，向人们介绍那个Web站点、传真服务或GAP热线。“这些都是关于时间缩减的。”埃文说。

加强的领导阶层

“我们恰当投放的工具和系统越多，”埃文说，“领导者对于日常活动就变得越来越不重要。这并不意味着那些系统可以替代领导层，只意味着，对领导层的加强。”现今，比如说，埃文用较少的时间来做些重复性的电话解说，就可以有较多的时间来培训他的顶层业绩突出人员。

但是他相信，真正的受益人是下级团队里那些普通的网络直销商，是那些兼职从事该业务的大多数人。“如今，在越来越多的夫妻中，丈夫和妻子双方都去工作，他们比以前拥有更少的时间了。当他们回家后，都累垮了。他们大都在晚上6点、7点或8点回家，不太可能再抓起电话拨3个小时。”埃文的系统大大缩减了工作时间，使那些夫妇有足够时间来运营营销事

> 我给兼职工作的人们提供了必需的支持，以便他们能在相对短的时间内取得一些成功。

业。“我给兼职工作的人们提供了必需的支持，以便他们能在相对短的时间内取得一些成功。”

打破神话

任何商务系统的极限测试，便是其底线。在这里，托德和埃文的创新已经多次证明了他们的勇气。他们安装系统后6个月，销售额增长了30%，比较而言，在安装之前的6个月里只有15%~20%的增长。“我们的销售额疯狂地增长，”埃文说，“并且，我们的团队变得更加自给自足了。”

埃文将他的系统看作行业发展的一部分。在第四波革命浪潮形成时，公司也在摸索着前进，逐日解决MLM面临的大多数长久悬而未决的问题：如何使兼职人群能够运营网络直销。埃文相信生命延伸通过它的流线型公司计划和厂家直销的程序已经解决了许多这样的大问题。但是他还可以更进一步开发自己的自动支持系统。“在这个行业内，一直有一个神话：如果你能发展到100人，钱就会源源不断地涌进。哦，这是不可能的。大多数网络直销商在建立起一条有很大价值的营销渠道之前，必须与成千上万的人交谈，那些真正能抓住这个行业下一波机会的公司，是能够开发出全套服务系统的公司，这些系统将帮助兼职人员尽可能快地筛选出尽可能多的潜在下级成员。”

第十一部

WAVE4

第五波与未来展望

第三十六章

电子商务的前沿

历史上的第一次电子货币转账，是1864年韦尔斯法戈公交公司通过电报进行的。在崎岖的美国前沿阵地上，武装土匪诸如布莱克·巴特等，常常抢劫过往的公交马车上的现金箱，而电报可以让韦尔斯法戈公交公司在它广泛分布的办事处之间安全地进行资金转移。这项服务引起了人们的注意，韦尔斯法戈的许多代理将电报员增加了1倍，以满足通过“振鸣电线”进行的交易量上升的需求。

这些电线，在21世纪来临时，依然振鸣着。但它们已经是光纤，各个银行、经纪人、股市、公司，全球范围内的商品交易，都通过它们来转移大量现金。在千年盛世之交，电子商务（E-Commerce）已经在下一个重要的经济前沿崭露头角。没有人知道这个市场最终会增长到多大，或者扩展得多快，但早期的迹象已经显示，这是一个成长中的巨兽。网络直销在即将来临的电子商务激增时代占据了领先地位。

交互性的噩梦

《第三波》一书中有题为“第四波与未来展望”的一章，其中，我试图展望网络直销如何融入这样的一个世界，人们几乎都通过交互式媒体购物。“想象一下到了公元2010年，”我写道，“你通过你的屏幕来完成所有的购物……打开你的电视屏幕，移动光标到‘百货’图标上。突然间，你就会漫步在如同巴比伦空中花园般大的超市里。满架的货物展现在你的视野内，在每一个架子上，基因工程化的‘百货’的栩栩如生的图片在跳舞，嬉闹，叫着你的名字。”

在那一章中，我个人的观点，就是电子购物可能会像噩梦般可怕。我预言，

> 没有人知道这个市场最终会增长到多大或者扩展得多快。

仅仅是商品的数量和每件商品的信息量，就将购物过程大大地复杂化。毫无疑问，为了能够让自己的商品从同类产品中脱颖而出，每一件“虚拟”商品都会被供应商装饰得花里胡哨，结果自然成了一种夹杂着广告信息的刺耳杂音。

电子超载

“一个受辐射溶液培养的大豆密封包，闪耀着各种光线进入你的视野，”我在《第三波》中写道，“然而一个新奇的催眠般的低低的声音又来了：‘买我的，买我的……’与你大脑里的θ波频率完全同步……在物品的上方，一箱过分催长的黄瓜爆出杜兰蒂·吉米式的俏皮话：‘我不是你的鼻子！我只是转基因的黄瓜！呼-恰-恰-恰-恰！’你经过成熟西红柿的货架时，那猥琐的波动和传进你耳朵让人直接付款的性诱惑的低吟声会让你羞愧满面。”

“每个商品都有自己独特的风格。但它们毕竟是同样的物品。他们希望你的鼠标能在它们上面点击。小心了！从你点击的那一刻起，你将会受到它们的控制。你的屏幕将会变成交互式程序的幻灯，聚焦特定商品。各种提示信息诸如‘消费者推荐’、‘抱怨与起诉史’、‘营养品信息’——甚至‘名人签注’——将会以绚丽的色彩在你视野中游弋闪耀，并有闪烁的灯光和合拍的伴奏，来中和你心理上的抗拒之声。简而言之，在2010年，购物将是一场噩梦。”

客户服务危机

在我半开玩笑的遐想的背后，表述了这样一个现实问题——如何让交互式购物环境实现真正的对用户友好，利于用户。在21世纪来临之际，行业领导人物开始意识到客户服务将会是从今天的不可信任状态中分辨出明天的电子商务帝国的石蕊试纸。消费者的抱怨总是比销售增长得更快。“此时，在Web网上的客户服务真是糟糕极了。”《木星通讯》(Jupiter Communications)的分析员肯·阿诺德说道。

《木星通讯》通过电邮访问了100多家在线购物网站，许多网站根本就没有回应，并且其中42%的网站超过了5天才回答。根据1999年6月28日的《纽约时报》可知，33%~66%的电子商务，顾客并没有真正付款，因为他们看不到一个活生生的人来解决问题，购买的欲望在一瞬间消退了。

未来在即

Web 商家们正在争先恐后地给自己的电子商店添加个体接触（personal touch）和网络电话服务。克里斯·麦肯恩，1-800-Flowers 的资深副主席，将公司的网络电话程序描述成“新用户的培训指南”——一种指导购物者在网站上首次购物，并直到他们在使用方面变得应付自如的方法。这是一个极好的创意。但是介绍新顾客到一个网站的最好方法，无疑是我在1994年建议的那个：网络直销。当这本书还在酝酿之中，新近突发的事件证实了我的预言。它们恰好说明我对电子商务的构想是多么准确，以及MLM成员将在其人性化的过程中扮演的角色。

1999年3月3日，安利和微软公司宣布它们将联合在因特网上设立最大的零售网站：Quixtar.com。根据来自安利的消息，Quixtar预计在1999年9月开始运营，将展示超过万种以上的不同商品和服务。除了它自己的品牌商品，Quixtar也将提供一些安利已有商品的样本，包括从阿迪达斯运动鞋、松下音箱系统到安利品牌的SA8清洁产品、Artistry化妆品的每一件商品。

虚拟的走廊和货架

在Quixtar 网站推出之前，安利一直对它的详细细节高度保密。但是关于它版式的一些线索已经泄漏出来，这也恰好说明了我在1994年对未来交互式商店的设想是多么准确。

斯蒂芬·麦卡蒂，微软Quixtar工程的管理顾问，在1999年6月的那期《网络直销生活方式》杂志(NML)上讲到正在酝酿中的一份计划说明书将给Quixtar的购物者展现一个虚拟景象：他们正在一个极大的虚拟商店里随意观看，“也许，甚至会给他们提供沿着楼梯过道向下步行并从货架上‘点击’取物到篮子里的视频体验。”记者科伊·波尔弗特在NML里这样写道。

新的范例

“关于Quixtar真正令人兴奋的事情，也是它如此成功的一个重要原因，” 福莱多媒体（Fry Multimedia）(正帮助设计Quixtar）的交互式销售副主任布里奇·华兰德在NML上说，“就是它已经拥有了大量忠实的客户，所以，甚至在发布之前，它就已经跳到了所有其他的网站前面……那是电子商务崭新的范例。”

自从1998年电子商务激增到华尔街的镭射屏幕上，它的主要障碍就是吸引和留住顾客。即使是Amazon.com也仍然只保持在运营数百万美元的危险边缘，尽管它在会员招募程序（见第11章）和利用华尔街投资者的债券方面取得了成功。Quixtar网站的发布，将会是第一个在进入市场时就拥有相当大的客户基础的大的电子商务——它拥有安利在全世界范围内的300万的代理人。NML报道说，在Quixtar发布前三个月里，已经有20多万人在安利的一个网站上注册了，该网站晋级为Quixtar，并可以在新的网站上更新。

神奇的子弹

然而，真正让Quixtar与众不同的是其高度接触因素——新顾客能从那些将他们介绍到这个网站的Quixtar代表那里获得个人服务和帮助。“在线商行的问题，”MLM的因特网顾问罗德·库克说，“就是太大了，而且令人困惑。在一个购物商场里可能会有100种不同的业务，为了使用它人们必须先熟悉它，他们必须知道那儿有什么，如何才能得到这些商品。”

网络直销——如Quixtar所演示的那样——可以很好地提供一种神奇的子弹，使电子商务变得随处易于使用。“人类声音的力量，是我们从山洞里走出来后最有力的工具，”库克说，“因特网也不会改变这一点。最成功的在线网上商务，将会是那些把电话和因特网结合起来的商家。网络直销可以完美地填补那片空白。”

第三十七章
拓宽通道

在本书交付出版时，已经 有超过50%的美国家庭拥有计算机。根据国际数据协会的资料，估计在全世界有2亿人使用因特网——其中仅美国就有6200万人。仅仅若干年后，这些数据就会变成陈腐的历史记录。按照当前的预测，因特网的使用将会按照每年1/3的速度递增。网络直销在这个增长中处于非常重要的地位。越来越多的MLM公司正在帮助拓宽上网通道，使它们的客户更容易访问因特网。

即使有最顽固的技术恐惧症的人们，也难以抵制MLM军团的倡导者，包括书面、口头和计算机在内的各种方式的诱导。网络直销商给因特网服务提供商（ISP）提供大量的回扣，在客户初学因特网蹒跚前进时，展示诱人的奖赏、资金回收保证和一些手把手式的个人辅导。如果这些还不起作用，他们就干脆拿出实实在在的赚钱机会，以MLM商业机遇为基础。所有这些销售和招募活动的结果，也是一种偶然的协力合作——有利于因特网，也有利于网络直销。

MLM－因特网组合

MLM－因特网组合带来的令人欣慰的结果，在如新公司再度兴盛的过程中，可以看得再清楚不过了。这家公司位于犹他州的普罗沃，于1984年由当时仅有24岁的布莱克·罗雷及其朋友们创建。如新公司成了网络直销业内的成功传奇之一。到1991为止，它的年收入已达5亿美元。但是当这个公司的销售额达到国内最高时，它的招募进度就慢下来了。虽然它也在海外继续增长，但给人们的感觉是市场已经饱和了，至少在美国是如此。雄心勃勃的网络直销商们开始瞄向那

> 所有这些销售和招募活动的结果也是一种偶然的协力合作——有利于因特网，也有利于网络直销。

些较新的、更多彩的机遇。一些业内观察员发文评论，如新公司仍然只是另一个昙花一现的奇迹———个因为资金缺乏无法持续增长以超越其第一次高速增长的MLM公司。

但是罗雷和他的管理层已经有了其他的计划。他们决定走一条更具雄心的多样化路线，远远超越如新公司传统的个人护理品产品的界线。在1992年，他们推出了叫做IDN的一种营养搭配品。6年后，IDN获得了天然保健补品的重要制造商Pharmanex 公司的认可。如新公司在那之前的一年已经将“大行星”（Big Planet）公布于众，“大行星”是一种高科技辅助工具，提供因特网接入、Web管理、远距离服务、消费电子和其他一些同在线经济相关的商品与服务。不管那些怀疑人士想评论如新公司的其他任何方面，他们都不能再评论它“饱和了”。这个公司进行了彻底的改造，推出了两个新的品牌名称——代表着两个全新的MLM机遇。

无尽的动力

罗恩·韦吉斯是一名成功的皮鞋推销员，当他意识到自己的收入只是按照他全部销售额的微小比例增长后，就辞去了工作。“我感到筋疲力尽了，”他说，“我每年都打破许多记录。我们的公司在全美有500家店铺，我将我所工作的店铺推到了第一位，但是，我的价值并没有在薪水上体现。”

1991年，罗恩和他的妻子科瑞斯双双加入了如新公司。他们最初发展得非常缓慢。“我们错过了如新公司最快的增长期。”他说。但是次年，如新公司就推出了IDN营养搭配品。罗恩和科瑞斯果断地加入进来。他说：“它给了我们一个加入重大增长周期的初始平台。”在加入如新公司的12个月里，罗恩坚持将此作为全职工作。“在第一年，我恢复了40000美元的年收入。”他说。6个月后，夫妇俩合起来的收入已经足够他们不再考虑别的工作。

驾驭浪潮

在接下来的6年里，罗恩和科瑞斯在如新公司将IDN的业务干得非常成功。但是在1997年，一个更大的机会出现了，它是如此之大，以至于他们最终放弃了其他的生意，转而去把握它。那一年，如新公司宣布了“大行星”启动。“我们看到了一个没有债务、资产达20亿美元的公司，如新公司，它对自己的定位是：要充分利用全球范围内所有的经济潮流。”罗恩说，“它集因特网、电子商务和电讯于一体。”

除了它的其他服务，大行星提供了一个在线商店（在www.bigplanet.com网站上），展示了从服装、书籍、鲜花到珠宝、运动用品和计算机硬件在内的所有商品。而且，公司已经同高科技领域内的一些知名品牌达成了战略联合。例如，它为天际通讯（skytel communications）销售预先付款的内存分页产品，与IBM签订合约销售它的在线计算机、因特网培训课程及教育资源“学习大学”（Learning University）。“当今世界的下一个前沿领域就是高速通讯，大行星将会继续保持充分利用该前沿领域的优势。”大行星的主席理查德·金在公司的发布式上说。他同时预言：“与大行星结合的商业机遇，能够很容易成为唯一的最大网络直销机遇。”

“如果我能做到，你也能。”

为使大众轻易接入因特网，大行星提供了一条高水平向导的途径。预订过因特网服务的用户，可以获得24小时全天候的电话帮助。并且，可以找和你签约的大行星代理人帮助你解决任何问题。

在1998年4月加入大行星的时候，罗恩·韦吉斯自己也是一个计算机新手。“技术是我最大的障碍，”他说，“在加入大行星之前，我从来就没有用过计算机，我完全是被迫使用的。我在三周前才有了一台计算机，还需要有人教我如何选中和点击各种按钮。它花了我好些天的时间，但我还是成功了。现在，我的生活已经不能没有它。”当罗恩招募到其他的技术恐惧者到大行星网络时，常对他们讲：“如果我能做到，你也能。”罗恩和科瑞斯在3个月内就晋升到大行星公司的顶级代理层。现在，他们将全部时间和精力投入其中。“他给了我们新的自由，”罗恩说，“我们正处在有史以来最大的一次潮流的诞生阶段。自从我们在如新公司的日子以来，每周出席的会议和培训次数是以前的三倍。”

自我宣传的行业

科恩和凯西·科拉吉丝自从加入大行星后，业务量也翻了三倍。“我在等级方面晋升得非常快，”切维恩（Chevron）的前任工程经理科恩说，“因为这个行业能够自我推销，因特网和电子商务是如此火热，以至于每个人都对它感兴趣，这就是它的自我宣传。”由硅谷的一家名为信息融合技术有限公司（InfoGear Technology Corporation）生产的价值300美元的IP电话设备，是科恩最喜欢的产品之一，它是一种带有小屏幕的电话，在不使用计算机的情况下，用它就可以登陆因特网、发送电子邮件、完成电子商务。

“信息融合技术有限公司试图在商店里出售这种IP电话，”科恩说，“但是他们在9个月里仅仅卖出了900套。那些零售商不知道该把它摆在哪儿。他们把它摆在电话部，因为它看起来像电话。但是如果不把它接入互联网，人们就不知道它的多种功能，只会认为它是一部价格过高的电话。”这里缺少的，就是高水平向导或深层接触因素——对该设备的一种人为的解说和演示。信息融合技术有限公司认识到这个问题后，于1998年10月宣布与大行星的MLM销售网络达成交易，由它们来分销这种IP电话。“由于它是一种新设备，只有在向顾客介绍的过程中，顾客才能看到、触摸到和使用它，这种新IP电话才会在最大程度上得到人们的赏识，”信息融合技术有限公司的CEO艾德·克拉斯说，“大行星公司的独立业务代理人受过这方面的训练，有能力做到这种解说和演示。”

克服障碍

“我们在第一天就卖出了1000部IP电话，”科恩说，“比在传统店里9个月销售的总数还多。”科恩送给他母亲一部IP电话，作为圣诞礼物。他母亲是一位顽固的技术恐惧症患者，之前从来没打算使用计算机。但是很快，老人家就兴奋地打来电话，说她已经和朋友互发电子邮件了。“我妈妈已经可以浏览Yahoo了！在余生里，她一直在看电视上的商业广告消磨时间，从不出门和上网，”科恩说，“然而，正是由于我送给她这部电话，并告诉她如何使用，她才几乎每天都在网上。”

科恩和凯西·科拉吉丝的真实成功经历，在一定程度上反映了因特网—网络直销中的较为普遍的现象——MLM和计算机世界的融合。随着他们业务量的增长，这个世界就会融合得更加紧密了。那些曾经抵制较为传统方式的网络直销事业的潜在人选，现在纷纷签约加入到融合了计算机技术的网络营销事业这一前沿领域了。“在我们的行业中，我们发现以前成百上千对如新公司说‘不’的人，现在对大行星说‘是’了。”科恩说。

第三十八章
计算机群

在第十一章中，我们讨论了由于因特网分支成员纳入程序（Internet affiliate programs）而急剧扩展的市场。在这种迷你商业中，人们只需要简单地点一点按钮就可以进入他们的Web网站，这些网站把消费者带入第三方的商务，好让他们挣钱。比如说Amazon.com网站，它可以下电子商务订单，只要顾客通过那些分支成员的链接在该网站上消费，分支成员就可以获得酬金。

分支成员纳入程序，已经成为电子商务世界里最热门的话题。通过几千个——甚至几百万个——自利主义的分支成员的努力，雄心勃勃的电子商户就能将其链接像病毒般扩散到整个因特网。在这些分支成员做成一笔交易之前，电子商户是不用付他们一分钱的。从普通零售商的标准来看，分支成员系统似乎起到了巨大的杠杆作用。但是可以想象一下，如果你将一个多层次薪酬结构添加到自己的商业中——即那些分支成员不仅可以从他们推荐的消费者身上赚到钱，还可以从由他们推荐的人所推荐的消费者身上赚到钱，依次类推，这个系统的杠杆作用又会是怎样的伟大？MLM的顾问罗德·库克称之为“多分支销售”。他预测，这个系统在不久的将来会给电子商务界带来彻底的革命。

一次点击的发掘

第一期的分支成员纳入程序已经在网上了。例如，你到www.buyMLMtools.com去，会发现一个通过两级薪酬结构来销售MLM相关书籍和磁带的分支成员纳入程序。一旦你将其链接添加到你的Web站点，那个程序就会自动地为你建立一个下级团队，并且事实上不需要你的任何人工介入。

让我们假设，有一个消费者来到你的站点，点击了你的 buyMLMtools.com 链接。他迅速进入到 buyMLMtools.com 站点——它可能是那个公司的主页本身，也可能是镜像，都是特地为你定制的，用你的名字、标识或出现在上一级公司旁边的其他个人信息登陆进去。然后，这个消费者开始选购网络直销的书籍和磁带，你则自动地从他购买的任何商品中分红。而且，如果他决定自己成为一个 buyMLMtools.com 的分支成员，他就会被加到你的下级团队中。

Cookie 威力

如果这位消费者在以后某个时间再度光顾 buyMLMtools.com 站点，但并未通过你的链接，你仍然可以从他的购物中分红，因为，当这个消费者第一次登陆你的主页时，buyMLMtools.com 网站的服务器已经保存了一个“cookie”数据——一小段数据标签——用以表明，他是你的顾客。

只要 cookie 数据还在他的计算机里，他每次在 buyMLMtools.com 网站上消费，都会算到你名下，无论他是否通过你的站点。在这本书交付出版时，buyMLMtools.com——像绝大多数现有的分支成员纳入程序一样——仅允许分支成员从一级下级成员中分红。但是，罗德·库克和其他的“多分支”倡导者们，甚至现在就在为他们的客户设计一种能够提供多层次分红的系统，就像传统的 MLM 行业一样。

超越公司

这些发展将会对网络直销的方式产生什么样的影响呢？如果说第三波和第四波革命将人们从重复性劳动的困苦中解脱出来，那么，多分支变革也许最终能将人们从公司的束缚中解脱出来。“它将导致网络直销的成长，但不会是以我们今天知道的那种方式。”罗德说，“它对本地会议的依赖性将会更少，薪酬体制也将很简单。在很多情况下都是免费加入，人们将更关注产品本身。”

由于离开或加入公司的障碍逐渐消失，人们会发现，同时为许多公司进行分销变得更容易了。如同今天的人们能从诸如 www.associate-it.com 等站点提供的 1000 多个不同的机会中挑选一样，未来的网络直销商将会从众多分支链接中构建他们自己的电子商务网站。

> 由于离开或加入公司的障碍逐渐消失，人们会发现，同时为许多公司进行分销变得更容易了。

翱翔的天赋

在将来的网络空间里，网络直销商们会像群鸟一样自由飞翔。他们认为合适时，会联合到一起，当有机会向别处招手时，他们也会分开。他们把自己组合起来，不是以公司的形式，而是构成企业家的计算机网络群——绑定着许许多多不同的公司。这些公司是为了一个共同的目标进行非正式、临时性的绑定，通过远程通信来协调他们的工作。

在多分支销售环境形成时，计算机群将占有绝对主导地位。事实上，任何人都可以使用成熟的电子商务功能，直接通过他的Web站点进行销售。每一个种族、教派、利益集团、亚文化群，都可以在因特网上巡游，寻找各种机会。所有的计算机网络群、子网络群和迷你网络群，将会重叠交织，相互提升商品和服务的令人困惑的多元化。

网络领导者

乔治·C·弗拉茨（George Fraser）正领导着一个计算机群。通过他的虚拟商店Frasernet.com，他将业务延伸到全世界的美籍黑人兄弟和非洲后裔人群中。他推动了网络销售，在网上销售他的有关黑人权力的书籍和磁带，还有许多其他非洲后裔的美国人提供的产品和服务。跟普通的网上商场不一样的是，他的商店决不限于一个简单的Web站点，其销售是通过许多不同的基于Web站点的MLM营销机遇来实现的，如电子商务部的商场Ahsum.com和Matah.com——这是专门提供由非洲后裔生产的产品和服务的网站，服务对象也针对非洲裔人们。

乔治的眼界已大大超越了任何一家特定的公司。“通过不同的下级团队，我可以为完全不同的客户群服务，”他说，“Matah在很大程度上是为以非洲人为主体，在他们的社区内从事旧钱回收的人群服务的。而Ahsum则是一个更普通的市场。但是我在它们两者中都建立了下级团队。”实际上，Matah.com和Ahsum.com都作为George’s Frasernet.com的分支服务，而同时，乔治又是这两个组织的分销商。乔治·弗拉茨——在黑人社会里作为一名作家、网络商和活动家而知名，那些公司从这个名字中受益，而乔治则同时也从他们的电子商务能力和MLM薪酬体系中获利。

全球网络直销商

乔治在很久以前就已经将自己树立成黑人网络销售的卓越领袖。在他的畅销书《在我们种族内成功经营》里，他就号召美籍非洲裔建立一条基于“部落联合体”的“网络直销专家的地下铁路”，致力于民族振兴。他的《成功指南》里提供了每个城市里的数万名黑人行动家、激励者姓名录，他们已十分成熟，适合做网络工作，该书可通过其总部设在克利夫兰市的成功源泉有限公司获取。“美籍非洲裔每年创造出近5000亿美元的收入，”他写道，“在工业化世界最大的经济实体排名中，你和我代表的经济体是第10大经济，我们还在继续努力，将它做得更大……我们已经联合在一起并肩工作了——因为我们别无选择！如果连我们自己都不肯为自己做些什么，怎么能期望别人来做呢？”

在乔治的观点中，多分支直销是他看到的最有希望实现梦想的方式。“网络直销是为小投资者和新兴的企业家出现的未来浪潮，黑人需要成为其中的一部分。MLM和电子商务集于一体，让我们能够延伸到全球范围内。在这一年内，我的Frasernet.com电子商务销售额的20%来自非洲或在加勒比海和南美的非洲后裔。在过去，我甚至从来没有梦想过能从世界上的这些地方完成我的2%的业务量。它将不需要付出太大的代价。”

部落里的下级团队

部落分组已经成为MLM世界的核心。由于网络直销商在他们个人的影响范围内进行招募，他们会倾向于挖掘那些像他们自己的人。下级团队，甚至整个公司，常常将招募活动集中于特定的种族、宗教、政治和其他界线分明的亚文化群。因而我们发现，MLM公司的下级团队主要由摩门教徒、基督信徒、新时期的素食主意者或共和党人构成。

在公立学校教了一辈子的书后，乔·肖非常厌倦在教师中盛行的左倾观点。加入安利后，公司非常强调上帝、家庭和国家，这给他带来一种全新的团队感觉。“它真得很适合我，”乔说，“他们跟我是同一类人。教师大多是比尔·克林顿型的，安利的员工则是罗纳德·里根型的。”

自我选择

计算机群时代，为远远超出传统的依照种族、宗教信仰、政治信仰来区分的部落化提供了机遇。例如Quixtar.com——跟其他许多他公司一样——倡导一种高科技的自我选择工具，称为CD-ROM商业卡，该卡能够帮助网络直销商判定哪些潜在人选真正属于正在成长中的有计算机悟性且爱好技术一族中的一员。那个“商业卡”实际上是个缩微小型CD，宽度不超过3.5英寸，适合装在标准CD-ROM

驱动器的内圈里，它包含产品或商业机会的多媒体介绍。Quixtar的代理们用它来发掘潜在人选。

> 计算机群时代，为远远超出传统的依照种族、宗教信仰、政治信仰来区分的部落化提供了机遇。

“它是一个分类工具。” 斯图亚特·约翰逊解释道。他的视频插件公司位于德克萨斯州的莱克达拉斯，为MLM公司生产CD-ROM商业卡。他说：“由于商业卡自身是基于计算技术的，任何一个人接受它并真正拿回家使用，就表明他已拥有一台计算机并在技术上通行无阻，因此，他很可能就是在线商业如Quixtar的潜在成员。”

第五波何在？

在《第三波》一书中，我曾写道：“从现在往后的10到15年里……网络直销将会普遍深入到社会中，它甚至不再需要作为一个独立的具有独特性的行业的资格，它将成为每个行业都会用到的标准工具。” 多分支技术革新，有望在比我认为的还要短的时间里实现这些预言。配以模块化的可相互变更分支链接的计算机群，在数字市场中横冲直撞，随意瞄向各种零碎的销售和亚文化群。MLM的功能将会变得更加高度自动化，以至于许多计算机群里的人们几乎没有意识到他们还在使用网络直销。

当MLM不再以一种可辨认的实体存在时，它的成长将会超越任何可能的限制或争议。它也不再会是金融杂志上人们争议的对象，有疑虑的潜在成员也不会再对它左右权衡，像本书一样的自助商务书籍也不会再对它倍加赞扬，它必将成为人类思维意识的延伸、意志的工具、出于本能的无意识工具，帮助我们用于探索、取得成功，以及把志趣相投的人联结在一起。它也必将进入第五波时代。

STATES

第十二部

WAVE4

奔向新的千年盛世

第三十九章　当代提坦

第四十章　浪潮

网络直销专业术语表

第三十九章

当代提坦

“为什么媒体忽视了第三波革命？”我在1994年的那本《第三波》中问过。那时，这是每位网络直销商心中的问题。“有意或无意，媒体都容易忽视有关网络直销的正面新闻，诸如安利和玫琳凯这样成功的公司，常常在主流商业文章中被提及，但是很少作为网络直销公司或MLM公司来推荐。而在有关公司被起诉或被调查的一些负面报导里，却常常出现那些禁用的语言。”

在我写这些话的时候，这毫无疑问都是事实。但是6年来，这些都已是陈词滥调。“网络直销”早已成为从《华尔街报》到《商业周刊》中的那些重要商业作家的专用词汇，而不再是“金字塔计划”的代名词。更为重要的是，这个行业通过开辟自己的媒体渠道，已经能够把握自己的命运，如《网络直销生活方式》，于1999年4月创刊发行，这是一本装饰精美的消费者杂志（本人正是这本杂志的一位定期专栏作家）。

如果在今天能将处于MLM和大众媒体之间的传统紧张状态看成是对过去的一种奇特的纪念品，这在很大程度上要归功于一个人——米尔顿·约翰·弗格，MLM业内极具创造性的“当代提坦”。

新媒体

在网络新闻记者中，“当代提坦”这个词组是不需要多做解释的。但是一些读者可能要求做一个简单的解释。这个词组是《新周刊》于1999年1月首先提出来的，用于描述新媒体里那些独来独往的记者们。由于人们厌倦了主要网络媒体对他们的新闻做填鸭式的排版，纷纷转向Web站点、有线电视和讨论式广播，搜索那些没有经过预先筛分、审查、窜改的，没有经过传统思想过滤的新闻和评论，为获得那些新闻后面的最新动态，每天数百万人登陆诸如劳务报、NewsMax.com、WorldNetDaily.com之类的网站。

传统的记者对于这种入侵他们领域的行为感到十分沮丧，他们也不再费神去掩饰这种沮丧心情。“老的权威和势力体系正在瓦解……”乔纳森·奥特尔在当今知名的《新周刊》1999年1月18日的那期上悲叹不已，“老的媒体食物链……已经瓦解了。”奥特尔带着毫不羞涩的怀旧之情回忆着过去的时光，那时“秩序”一词在新闻界盛行，“记者们和那些影响他们的人物一同作为看门人为之服务，由他们来决定人们能知道些什么。”但是，奥特尔还是不得不承认，“当代提坦”已经出现了，虽然这样做让他非常痛苦，“汤姆·布罗珂，彼得·詹宁斯和丹·拉勒仍然拥有数百万的观众和极高的声望，但是他们必须同一些拙劣的家伙分享中心舞台……”

指导者

当我在1990年第一次开始进行有关MLM的写作时，“看门人”都是被牢牢控制着的——特别是写有关网络直销这个主题的时候。这个行业的相关坏消息被无限地夸大，好消息却遭到无情的删减。对MLM进行报道的那段日子充满了孤寂。

但是值得庆幸的是，在我的这段旅途中有一个向导。当我的第一篇关于MLM的专栏文章在《成功》杂志上发表后不久，我接到一位名叫米尔顿·约翰·弗格的人打来的电话，当时他是《MLM成功》（后来改名为《上级》）时事通讯的编辑。约翰成了我的MLM的指导者。我时常打电话向他咨询。他关于历史、经济和网络营销独特性的一系列表述，让我沉浸其中达数小时之久。约翰是一个幻想家，他看到的网络直销，不仅仅是现在的模式，而是它注定要发展成为的模式。正是这次长谈，让许多思想渗透到我的脑海里，后来又凝集到《第三波》和《第四波》的系列丛书里。

隐藏的天赋

约翰是通过关系进入网络直销业的。他在1969年毕业于费拉德尔菲艺术学院，取得摄影学士学位，他把自己看作一名艺术家，在他的计划中没有什么能比得上让自己涉足MLM。但是命运之神没有这样安排。在1969年到1970年期间，他让自己沉浸在波斯顿、费城和纽约城的嬉皮士反传统文化中，之后回到一个利于健康的社区，进行体力和精神上的复原。在那个社区里，他在一家叫Erewhon

的新成立的保健食品公司获得了一份工作，由一个码头搬运工逐渐成为那个公司的销售部主任。

就在那里，约翰发现了自己身上隐藏的天赋。“我研究那些有关广告的书籍，学会了如何创作，”他说，“因为我们请不起别人来做这些事。”约翰的广告优雅而又充满激情，但更重要的是，它推广了产品。在之后的数年间，他开始自己干，为那个刚萌芽的天然食品行业进行广告创作。他可能作为那个快速增长行业的一名重要参与者，在这种舒适而又有利可图的人生路线上安定下来。但是有一天，一位朋友向约翰介绍了一种干海藻产品，它是由位于俄勒冈州克拉马斯福尔斯（Klamath Falls）名为细胞科技（Cell Tech）公司销售的，在约翰了解这种产品以前，他已经被招募进了他的第一份网络直销的工作。

不可复制

“我列出了一份写有165人的名单，”约翰说，“然后我写了一封能直接地产生不凡效果的信，给他们寄去。”反应出奇地好——132人回了信。但是约翰突然意识到，他不知道该让那132个人干什么，即使已经招募了他们。“我做的事无法复制，”他说，“我是一个专业广告创作人，知道如何写信，可他们不是。”尽管有那么高的回应率，约翰的生意还是衰退下来。

虽然他的下级团队失去效力，但他的创作没有停滞。在进入那个行业的第一周里，他写了一篇业务通讯。第二周，他写了两篇。当他加入细胞科技公司的第一个月快结束时，他每周写4篇业务通讯。他的那些分销商同事们完全相信这些业务通讯。“我非常喜欢做这些工作，”他说，“我意识到，对我而言，这些事比我是否能成为一个重量级人物还要有趣，而且为这个行业所做的贡献也更多。”

为这个行业呐喊

约翰被MLM的理念迷住了。“我已经为许多公司做过销售顾问，但还从没未见过任何其他的行业允许人们作为独立签约人，获得与他们的勤奋努力相适应的特权收益。”虽然约翰涉足过其他的网络直销机遇，但他很快认识到，他的天分最适合进行有关这个行业的报道，而并非参与其中。“在一定程度上，我认为一个公司对我来说还不够大，我想对整个行业施加重要的影响。”

他做到了。1989年，约翰创办了《上级》（那时称为《MLM成功》），它很快就为这个行业发出了独特的、强有力的呐喊声。当我在九十年代初期开始进行关于MLM的创作时，我沿着约翰的一篇篇商务通讯乘风破浪，吸取了许多思想观念。

就是在那些专栏里，我第一次了解到经济学家保罗·赞恩·皮尔兹，他预言了消减分销成本将是全球商业的下一个前沿课题；了解到吉伯·迈克尔和他的电子神话与提供全套服务革命的那些理念；还有鲍勃科恩·菲思和她的商店购物终结的预言。虽然这些理念形成了我称之为《第四波》的智慧织锦上的完整丝线，但是，首先把它们编制在一起的是约翰·弗格，而不是我。

摇滚巨星的名望

我的朋友邓肯?安德森曾经在《成功》杂志上写道，约翰在网络直销业已经取得了“近乎摇滚巨星的名望”。如果说这是一个夸张的说法，那也只是稍微夸张了一点。作为一个代笔抢手和幕后编辑，约翰在MLM的许多最畅销书籍中都留有自己的痕迹。他估计自己的最为畅销之作——那些真正署上他名字的作品，如《世上最伟大的推销员》及其续篇，《与世上最伟大的网络直销员的谈话》——在全世界范围内的销量超过了100万册。

约翰常在全球范围内的MLM研讨会和国际会议上发表演讲。网络直销商需要付出高达每人2000美元的费用，才能参加约翰的顾问项目，得到他的指导（及其他在约翰网络中的行业明星的指导），这些顾问项目和指导，主要采用语音邮件、远程电话会议和小规模的小组会议等形式——这所有的一切都由位于佛罗里达劳德勒海岸（Lauderdale-by-the-sea ）的MLM大学来安排。约翰在www.greatestnetworker.com 上的Web站点，已经变成了因特网上的MLM活动的网络中心。由约翰协办的《网络直销生活方式》杂志，已经成了业内最卓越的领导人的顶级讲堂。

高度联系的未来

在媒体主导性的挑衅下，我们这些在MLM行业内备受称赞的人，都应该感谢约翰·弗格。作为MLM最初的“当世提坦”，约翰给我们指出了前进的道路。出于这个原因，我们会认真聆听他的教导。今天，随着第四波革命即将来临，约翰的讲话更加鲜明了，他谈到在充满高科技的未来，网络直销将会接触到这个星球上的每一个人。

“技术正将我们从重复性的、平凡的任务中解放出来，”他预言，“但是伴随着这些高科技，我们仍然需要高度联系。人类渴望彼此联系在一起。我们正通过因特网定购商品，获取实际信息。但是这些服务将来自真实的人们。在21世纪，网络直销必定将高科技和深度联系结合在一起。”

> 他谈到在充满高科技的未来，网络直销将会接触到这个星球上的每一个人。

约翰认为，当每个人都能找到适合他需要和感兴趣的称心职业时，这种结合就会扩散到每一个行业。“想象一下这样的世界，每个人简单地向朋友和家人推荐商品就能赚到钱，”他说，“这些商品可能是轿车、网球拍、葡萄酒、计算机、蒙特布兰科钢笔、最新的电影……听起来可能有点古怪，但我能预见到，到那时，这个星球上的每个人都会以某种方式成为一个网络直销公司的分支成员。”考虑到消息来源的可信性，这根本就算不上是一个荒谬的想法。

第四十章

浪潮

一个新的时代已经在网络市场直销业破晓，对这个行业来说，这是一个空前强大的时代。

那汹涌的浪潮就是第四波革命。直销公司不再愿意在那些老牌的财富500强那异父姊妹中扮演灰姑娘。在世界各地，MLM公司现在希望当地政府和媒体对待它们能够就像对待诸如埃克森美孚（Exxon/Mobil）、通用汽车或宝洁（Procter&Gamble）那些跨国集团一样。

推动MLM发展的新动力，便是本书前面所述的那些不可阻挡的经济动力。那时，因特网将广泛延伸，商店购物将终结，大众媒体将分裂，大公司将瓦解，职业工作也会消失。大众对自由的渴求会日益增长，伴随着网络直销提供宝贵日用品的独特能力。最终，从华盛顿到华尔街都会逐渐清晰地看到，美国的未来在很大程度上依赖于这个我们称之为网络直销的大胆新体验。

意外的认可

“你们巩固了我们的国家和经济，”美国总统说，“不仅仅由于你们在为自己的成功而奋斗，更由于你们给其他人提供了更多的机会……”这是在总统专门为直销协会会员公司的销售代表们准备的一次电视录音讲话中讲到的。“我密切注视你们这个行业的成长已有数年，现在……毕竟，你们给了人们一个创造自己绝大部分生活的机会，对我而言，这也是美国梦的核心。”

在讲话中，总统并没有用到“网络直销”这个词，但他的意思是显而易见的。不仅绝大多数直销协会成员公司使用了MLM的薪酬体制，总统还特别称赞他们的销售模式“为他人提供了机会”——这明显是指MLM的招募活动和协作关系。这个总统是谁？是罗纳德·里根吗？是乔治·布什吗？都不是。他是威廉·杰斐逊·克林顿。

顺应潮流

很少有总统能比比尔·克林顿更谨慎小心地审查自己的公开发言。也很少有人在发表任何看法之前，会彻底地调查潮流趋势。也许我们永远都不会知道克林顿对MLM的真实想法，但是他对这个行业表示了个人认可，这一事实有力地表明，他已感觉到政治和商业公司的人心所向。

> 在新的盛世里，MLM将不再是那些一意孤行的企业家们的保护伞。

简而言之，风向吹向了有利于网络直销的方向。这个行业已经开始成为主流。财富500强的经理们不再远远地羡慕MLM，在网络直销的淘金热中，他们也可以泰然自若地对精挑细选的需求加以操作了。

在新的盛世里，MLM将不再是那些一意孤行的企业家们的保护伞。通过分销交易、战略联盟、合并和收购，网络直销的力量甚至已经融入那些最大、最有力量的公司的全球战略之中。这对于一个20年前几乎被联邦商业委员会封杀掉的行业而言，实在是不错。

无法停止

仅仅就在20年前，我们的政府还在质疑这个行业存在的合法性。但今天，世界上最大的超级强国都在支持全球范围内的网络直销。由于技术的推动、公司对新市场需求的刺激和人们对自由渴望的加强，我们所谓的网络直销这个微小的涟漪已经成长为惊涛骇浪，变成我们称之为“第四波”的事业与经济自由的不可抗拒的漩涡。在不久的未来，第四波革命将深深震撼我们经济体系的根基。它将使这个世界更加自由、更加繁荣。并且它会将网络直销变成新千年盛世里最具潜力的商业力量之一。

网络直销专业术语表

业绩等级 一种等级或名称，通过每月销售一定数量的产品和／或招募一定数量的分销商才能获得，分销商同时也要达到某一指定的业绩等级。当晋升到更高一级的业绩等级时，会获得更多比例的佣金（或者被允许从分离团队销售额中的更多部分提取酬劳）。

分支成员项目 一种网络商务，如Amazon.com，人们只要简单地在自己的网络站点上添加一个指向某一公司主页的链接，就可成为分支成员，通过这一链接成交的所有交易，都能使分支成员获得佣金。

自动回复装置 一种网站的独特功能，通过它，电子邮件信息会自动发送给点击回复装置的任何人。网络直销者用它来发送招募和培训资料信息。

后端 网络直销下级向下又发展出许多层下级或越过几个层级成长为较为后端、成熟的阶段。这一术语最常用于区分不同层次的薪酬体制。在后端支付更多酬金的薪酬体制是一种对这一体制中最高层级或在后端层级上支付最高佣金的薪酬体制。

红利 一个包罗网络直销分销体系中获取的所有各种不同薪酬的总称，包括佣金、奖金、代理佣金、特殊额外津贴、额外奖金。

二进制 一种类型的薪酬体制，将某一团队的前线规模限制在两人，每周支付这一团队两条下级中的一条。（参见第十九章里的完整解释。）

缺口 你和你的下级团队创造的一定量销售额，但在一部分销售额上不能获得分利。换言之，损耗额就是指公司许诺支付的薪酬和实际支付的薪酬之间的差额。MLM公司之间为了相互竞争，都竞相提供最高的薪酬（从公司总销售额中按一定比例支付给分销商佣金，薪酬多少由这一比例规定）。但是，一个公司如果按75%的比例支付薪酬，那它有可能实际只会按50%的比例支付，这25%的差额就是损耗额。损耗额以一些微妙合约的形式被加进了这一薪酬体制中，这些微妙合约会降低你的佣金、提高你的资格标准、收取对你的罚款、或者在某一特定情况下使你的部分销售额不合格。

分离团队佣金 “楼梯式/分离式团队佣金”的简略用语，薪酬体制中四种主要类型之一。它也指你下级团队中的一个分销商达到了每月最低准入资格，最终从你的团队中脱离出来。一旦一个分销商从你的团队脱离出来，你就不能再把他的销售额算作你自己每月销售额中的一部分（为了达到你每月销售配额的目的）。然而，你却有资格从你的那个分离团队的整个组织销售额中抽取佣金（称为特许权使用费或代理佣金），而不是仅仅从那个团队中恰好处于你的正常收入范围内的那一部分销售额中抽取佣金。

分支团队 一个分离出去的分销商的团队或下级团队组织。

奖金基金 网络直销公司专门从它的利润中拿出的一笔资金，作为一种特别激励奖金分配给有资格享有的销售领军人物。

奖金业绩量 参见BV（奖金业绩量）。

行业会议 行业机遇会议的替代说法。

行业扩展者 积极进行招募活动的分销商，相对于只简单地从事用以个人用途的产品批发分销商。

回购政策 由所有著名的MLM公司提供给经销商的一种现金回购担保。一般来说，对于经销商所购买的、但是后来又出于某种原因退还公司的产品，公司会以该产品批发价格的70%至100%付给经销商。

BV（奖金业绩量） 点数量（point volume）或业务量（business volume）的替代表述。它是MLM公司用来计算代理佣金和佣金的业绩量，这一业绩量是基于需要支付代理佣金和佣金的产品的批发价格的。通常来讲(并不绝对)，奖金业绩量低于产品的批发价格。例如，如果你以批发价格卖出了价值100美元的产品，应该得到5%的佣金，这5%不是以产品的价格100美元来计算的，而是以这一产品的奖金业绩量80美元来计算的。规定奖金业绩量的目的在于，使公司能够在利润较少的产品上挣到钱。如果一个公司为售出一罐售价为20美元的燃料附加剂提供50%的酬劳，而这罐燃料附加剂的生产成本为10美元，这样公司就得不到任何利润。相对于提高产品价格这一方法而言，许多公司更愿意简单地赋予产品较低的奖金业绩量，这样就可以在售出产品上支付较少的佣金。

影响范围 和你接触密切的人群、保持你的销售市场旺盛的人群，以及由于你在某一特定专业或团体的名望而可能容易被你影响的人群。

陌生市场 你的朋友、家人和社会联系圈子之外的潜在人选。

佣金 你从你的团队的销售额中挣到的百分比。

佣金业绩量 奖金业绩量的替代用语。

压缩体制 将其组织前端层级的大部分分散的佣金进行“叠加”或“压缩”的一种薪酬体制，主要是指前三个层级的。有资格称为压缩体制的，其在前三个层级上至少应该支付批发价格的40％。

压缩 当一个分销商退出或终止时，他的下级团队就可以晋升一级，以填补由这一分销商离开而出现的空缺，同时将公司的下级团队“压缩”一级。

消耗品 产品中的一类，比如护肤面霜和中草药补品，这类产品会有规律地不断消耗，必须周期性添置，这样就可以保证出售这类产品的网络直销商一直重复完成交易。

深度 MLM 公司内设置的层级数量。

直销 独立销售代表进行的一种销售类型，他们走出固定的零售地点进行面对面的销售，为提取佣金而工作。虽然存在其他几种为提取纯粹的佣金而工作的又不是MLM 成员的直销者类型，但是网络销售者通常被认为是直销者。注意，在店面外工作的MLM 分销商不能被算作直销者，因为他们是在某个确定的零售场所销售产品。

分(经)销商 与一个MLM 公司独立签订合约为其销售产品或服务的人。

下级团队 作为分销商被招募进一个网络直销公司的所有人组成了那个公司的下级团队。你的下级团队的组成人员包括由你招募的每一个人、由你招募的人员再招募的人等等依次类推招募下来的人员。

直接购物方式 一种实际运作形式，在这种运作中所购货物从公司仓库直接被送到顾客手中，而不是经过一个独立的分销商。顾客一般通过一条800热线电话或一个网站来订购。

可复制性 指一个MLM机遇能够被新招募的成员掌握的容易程度。

复制 在你的下级团队中不断招募（复制）该行业扩展者的过程。

电子邮件轰炸 主动地发送电子邮件给潜在人选，邀请他们加入MLM商业机遇。

无效销售额 不能算作是你的团队销售总额一部分的销售额，这部分销售额也因此不能计算在你处于某一特定业绩层级上的每月销售量之内。在许多薪酬体制中，当你团队中的某一分支团队脱离你的团队时，由这一特定分支产生的销售额将会被视作无效。

自动传真 一种服务，当人们拨打了某个指定电话号码，传真机就会自动给人们传真资料。网络直销者用它来传送招募和培训资料信息。

前端组织 一种薪酬体制中较前级别或最初阶段的组织。

前线团队 由你直接招募和支持的一组分销商，以及处于你团队中第一层级的团队。

前端超载 一种运营中出现的现象，通过增加过量的准入需求或每月定额致使分销商负荷过重，以至于他们在实际中无法全部售出商品，开始囤积无法卖出的产品。

分支团队 你团队中的一支，由一个分离出去的分销商商带领，或——在一个没有分离团队设计的薪酬体制中——由一个在该薪酬体制中已经达到某一其他管理层级资格的分销商商带领。

分支奖金 某些“楼梯式／分离式团队佣金”薪酬体制的一个特征，允许你从比你的正常薪金范围低许多层级的人中挣钱，例如，在分离团队佣金中，它是你的一个分支团队的分支销售额的百分比。如果你在一个有6级的薪酬体制中，你的分支团队又处于你的第6层级上，你就可以最多在12个层级上收取他们销售的红利。

分支销售额 由某一特定分支团队或分离的一支产生的月销售额。

基层 一个MLM公司刚成立时的最初始阶段，正好处于其正式发布之日或刚刚发布之后。

GSV（小组销售额） 你的个人小组的月销售额。

小组定额(GV)	在既定的1个月内，由你的个人小组做成的批发购物的总量。
重量级人物	某一MLM公司中的最高销量领军人物。
家庭会议	由一个分销商家中举办的行业机遇会议，有时在卫星或通讯装置的帮助下就是卫星电视会议或电话电视会议。
无限奖金	一种薪酬体制的特征，从理论上讲，该薪酬体制可以创造出无限深的层级。
无限深度	某些薪酬体制的特征，允许分销商可以从低于他们正常薪金范围的更深层级抽取薪金。这一深度并不是字面上的“无限”，因为你在越来越深的层级上只能抽取比例越来越小的薪金，并且各种形式的分离通常会将这一深度仅仅限制在一些层级上，但是在一些薪酬体制中，最深可以达到20-30个层级。
领导人	某一MLM公司下级团队中的最高成就者。
分支	在你下级团队里的下级团队，通常由你前线团队中的一个分销商带领。
层级	分销商在你的团队中所处的垂直位置。如果你招募了某人，他就会位于你的第1级上。他再招募的成员就会位于你的第2级上，他招募的成员再招募的成员就会位于你的第3层级上。
非冷非热市场	既不完全处于你的亲情市场也不完全处于你的陌生市场的潜在人选，而是处于两者之间。可以指这类人，即你已经谈过一次或两次话的人或者由你的亲情市场中的其他人向你推荐的人。
市场营销体制	薪酬体制的替代用语。
重大行动	一个持续不变的、一次倾泻式的寻找招募行动。
矩阵	比较两个或多个人员的体系，这一体系将你前线团队的成员人数通常限制为2个或3个。参见第19章的完整解释。
得最高分者	指在比较两个或多个人员的体系中得最高分者，当你的团队中有足够多的成员，将月销售额推向足够高的水平，以使你有资格达到这一薪酬体制中可能达到的最高水平。

MLM/多层级市场营销 通常是网络直销的替代用语。它也可以用来区分那些允许分销商从多个层级抽取薪金的特定网络营销体制。

强劲势头（强势） 一种网络营销公司成长的状态，在这一状态下，公司销售额和招募的人员呈指数比率增长。

月销售额要求 准入资格的替代用语。

多级分支成员程序 一种分支成员程序，在这一程序中，允许分支成员招募其他的分支成员，并且为他们招募的成员的销售额支付多层级佣金。

网络直销 指允许独立分销商招募其他的独立分销商，并且可以从他所招募的成员的销售额中抽取佣金的销售方式中的任何一种形式。

行业机遇 加入某一网络营销分销体系的机会，或是分销体系本身的另一术语。

行业机遇会议 为向潜在人选展示行业机遇，MLM 分销商举办的招募聚会或行业会议。

团队 你可以抽取代理佣金和佣金的那部分下级团队。它包括位于你的薪金层级范围之内的所有分销商。在“楼梯式／分离式团队佣金”薪酬体制中，它也包括分离出去的分支团队。

团队销售额(OV) 你的团队通过从公司购买产品创造出的月销售额。

代理佣金 从你分离出去的团队上得到的月佣金。

薪金支出 以代理佣金、佣金和奖金的形式，按公司总收入的百分比支付给分销商的薪金。

薪酬体制 报酬体制(compensation plan)的替代用语。

薪酬范围 薪酬体制允许你抽取代理佣金和佣金的下级团队的所有层级。

个人小组 在你的薪酬范围内得到你的个人支持但没有分离出去的所有分销商。

PIN 号码（个人身份号码） 某一MLM 公司分配给每一个分销商的特殊代码。当顾客从公司订货时，他们要用向他们推荐产品的分销商的个人身份代码。以这种方式，分销商就可以从他们顾客的购物中得到佣金，即使他们没有参与这一交易。

发布前夕 刚好处于某一MLM公司正式发布之前的一段时间。

潜在人选 可能的、有潜能的顾客或被招募者。

寻求招募 为你的MLM商务事业寻求顾客或招募新成员的过程。

个人销售额(PSV) 在某一特定的月里，你个人销售的产品总量。

个人定额(PV) 在某一给定的月里，你从公司以批发价格购买的产品总量。

点数量(PV) 奖金业绩量的替代用语。

金字塔计划 一种非法的商业行为，通过收取入会费或成员费赚钱，或者通过给新招募的成员施加过重的定额以至于迫使他们购买自己不需要的产品的方式赚钱。鉴别金字塔计划的经验法则是，如果最后一个加入的成员不能赚钱，那它就是一个金字塔计划。先加入的成员通过从后加入成员的入会费中抽取百分比提成赚钱，或者通过对他们新招募的成员施加过重的定额来赚钱。但是最后一个加入的成员没有可提成的费用或佣金，因为再没有新招募的成员了。在一个合法的MLM公司里，最后一个加入的人总是能够通过以批发价格购买产品、再出售给顾客赚取零售利润的方式来赚钱。一个合法的公司真正拥有顾客来购买和使用它的产品。而在一个金字塔计划中，产品仅仅是用于对成员施加过重定额的暗机关，或者一个收取入会费或者培训费的借口。

准入资格 为了使分销商有资格进入某一特定业绩层级，要求分销商达到的每月定额。定额通过以小组和个人销售额为单位来设定。通常来说，有招募定额，要求你每个月招募一定数量的成员加入到你的前线团队中。

有资格的管理人员 分离团队分销商的替代用语。

资格佣金 分离团队佣金的一种形式。在薪酬体制中，有许多限定条件使得分销商很难达到他们的每月定额。例如，有一条规则是这样规定的：你所能从你的最低层级抽取的佣金数量取决于在你的前线团队中有资格的管理人员的数量。

被招募者 一个已经同意加入你的下级团队的潜在人选，或者（如果作为动词使用）指招募某人成为一个分销商的行动。

续签费用 为了保持你作为一名分销商的身份，付给MLM公司的年度成员费用。这一费用必须很少，因为MLM公司“出售”分销商身份谋利的行为是一种违反法律的行为。

零售利润 以批发价格买入产品，再以零售价格将产品出售给你的顾客，这之间产生的差价就是零售利润。如今，MLM分销商几乎不实际占有他们以零售价格卖出的产品，因为顾客直接从公司购买产品，但是，当顾客用分销商的个人身份代码定购产品时，公司计算机系统仍然可以将零售利润奖给分销商。

滚动 某些薪酬体制的一个特征，它规定：如果你在某一给定月里失去得到佣金的资格，因为你没有完成你的定额，你就会被公布为无行动力，并且那个月里你就会从你的下级团队中拿不到佣金，所有你本应该得到的佣金将会滚动到——也就是说，支付——给在这一体制中在你之上的下一位有行动力的分销商。

特许权使用费 代理佣金的替代用语。

卫星电视会议 由一个网络营销公司通过闭路卫星网络传送的用电视播放的培训会议、商务会议、或招募聚会。分销商可以在家中观看这一节目，邀请潜在人选一起观看，有时也可以通过电话与会议参与者进行在线互动交流。

饱和 一种理论上的状态，在这一状态下，一个网络营销公司已再也没有潜在顾客和潜在可招募人选了，不再发展，停止增长。

详细审查阶段 一个成功公司成长过程中的一个阶段，通常在它进入强劲势头之后，这时它有极大可能处于记者和政府调节员的详细审查之下。只有实力最强的公司能够在这一阶段中生存下来。

精挑细选 尽快确认最有前途的潜在人选并且将你的精力集中在他们身上，同时忽略挑剩的人。

非索要信息 在互联网上为你的MLM商业机遇主动提供电子兜售信息的行为，通常通过电子邮件的轰炸，也可以通过在信息板上张贴的方式。

发起者 在某一MLM公司里招募并培训另一分销商的分销商。作为动词使用时，它指招募和培训另一分销商。

层级 (Stairstep) 业绩等级的替代用语，或者是“楼梯式／分离式”薪酬体制的替代用语。

“楼梯式／分离式”薪酬体制 一种薪酬体制，在这一体制中，为了有资格在一系列呈上升状态的业绩层级中不断晋升，分销商被要求达到一定的月销售定额。当一个分销商达到一定层级，他就可以从他的发起者的团队中脱离出来。(参见第十九章的完整解释)。

囤积 购买和贮藏多于你有可能卖出的产品的行为，通常是为了试图达到过高的月销售额，以获得提取佣金的资格。

电话会议 通过电话播送的招募聚会或商务会议。潜在人选被告知在某一特定时间拨打电话以收听会议。分销商也可以邀请潜在人选到他们家里，让他们通过扬声器来收听会议内容。

三方电话 一种招募技术，这一技术支持分销商在建立下级团队的同时培训新进招募的成员。当一个不熟练的新近招募进来的成员想通过电话培训一个新的潜在人选，他就可以将他的发起者加进这次通话中。发起者在讲话时，新进招募的成员也可以边听边学。这种三方招募形式也可以自己完成。

改变购买 从购买一种品牌的产品转为购买另一种品牌的产品的行为。网络直销商通常宁愿销售一种可以让他们实施“改变购买”的产品，换句话说，就是替换潜在顾客已经习惯使用的产品的某种品牌。这一理论就是，让一个顾客人转换一种熟悉产品的品牌比起让他使用一种全新的产品更容易。

两层薪酬体制 压缩薪酬体制的另一种说法，源自于这样一种事实：许多压缩薪酬体制在前两个层级上都压缩了它们分散的大部分佣金（虽然不是所有的佣金)。

有效销售额 可以计算在你的团队销售额内并且可以用来使你有资格处于某一业绩等级上的来自你团队的所有销售额。(参见“无效销售额”)

单层 薪酬体制的一种类型，在这种体制中，你必须在业绩等级上达到资格，处于你的下级团队中的成员不能脱离出去。

上级 在一个网络营销组织里所有在你层级之上的成员。也是“发起者”

	的替代用语。
热线名单	由新招募的成员列出的组成他们亲情市场的人员联系名单。
亲情市场	你个人所了解的、对你的营销事业来说具有前途的潜在人选，或者因为他们是你的家庭成员、朋友，或者是生意伙伴。
第一波	网络营销行业革命的基础阶段，大致从1945年至1979年，此时这一行业的合法身份还处于模糊状态中。当1979年联邦贸易委员会开始管制安利公司时——并且，延伸至管制整个网络直销行业，第一波结束了，这时网络直销行业成为了合法商业，不再是一个金字塔计划了。
第二波	网络直销行业革命的“增生”阶段，大致从1980年至1989年。在这一阶段里，由于先进的个人计算机技术的出现，MLM新成立的公司数量呈现流星焰火般的增长。
第三波	网络营销行业革命的“大规模市场”阶段，大致从1990年至1999年。在第三波里，开始发动管理和技术革新，诸如，语音信箱和电子邮件广播、直接购物、电话会议、三方电话、卫星电视、自动传真等，这些技术使普通人更容易成为分销商。
第四波	网络营销行业革命的“普遍化”阶段，大致开始于2000年。在这一阶段，互联网技术、更容易薪酬体制及其他第三波革命的成果和发展都开始结出硕果，以至于MLM作为美国公司完整的一部分得到了普遍认可。
批发价购买者	为了得到批发价格的折扣而作为分销商加入，但不寻求建立自己的下级营销生意的人。
批发利润	当你以一批发价格买入产品，再以另一更高的批发价格将产品卖给分销商，这中间产生的差价就是批发利润。这是一个很老的概念，然而，MLM分销商几乎不再以批发价格销售产品给他们的下级团队。如今，网络直销商的顾客用直销商的个人身份代码直接从公司订购产品，网络直销商纯粹收取佣金。
宽度	分销商前端组织的成员数量，或者根据薪酬体制的规定在一个分销商前端组织所允许有的成员数量。